frech – fromm – frei

Christian Führer

frech – fromm – frei

Worte, die Geschichte schrieben

Mit einem Vorwort von Margot Käßmann

EVANGELISCHE VERLAGSANSTALT
Leipzig

Christian Führer (1943–2014) studierte Theologie in Leipzig und wurde 1968 ordiniert. Im selben Jahr heiratete er die Apothekerin Monika Kramer, vier Kinder entstammen der Ehe. 1980 wurde er an die Stadt- und Pfarrkirche St. Nikolai Leipzig berufen, wo er 1981 die Friedensdekade mit den ersten Friedensgebeten einführte und diese seit 1982 ständig begleitete und betreute. Führer erhielt zahlreiche Auszeichnungen, so u. a. das Bundesverdienstkreuz (1995).

Bibliografische Information der Deutschen Nationalbibliothek
Die Deutsche Nationalbibliothek verzeichnet diese Publikation in der Deutschen Nationalbibliografie; detaillierte bibliografische Daten sind im Internet über http://dnb.dnb.de abrufbar.

2., korrigierte Auflage 2015
© 2013 by Evangelische Verlagsanstalt GmbH · Leipzig
Printed in Germany · H 7686

Das Buch wurde auf alterungsbeständigem Papier gedruckt.

Cover: Thomas Puschmann, Leipzig
Coverfoto: © Stefan Hoyer / PUNCTUM, Leipzig
Layout und Satz: Steffi Glauche, Leipzig
Druck und Binden: CPI books GmbH, Leck

ISBN 978-3-374-03743-8
www.eva-leipzig.de

Meiner lieben Frau Monika
und unseren Kindern
Katharina, Sebastian, Martin, Georg.
Meinen Eltern und beiden Schwestern.

Vorwort zur 1. Auflage*

Viele kennen Christian Führer als den »Pfarrer mit der Jeansweste«. So ist er in Leipzig bekannt und auch im Film »Nikolaikirche« zu sehen. Dieser Film geht auf den bekannten Roman von Erich Loest zurück, der den Protagonisten der Friedlichen Revolution ein literarisches Denkmal setzt.

In der Tat, Christian Führer schaut auf ein bewegtes Leben zurück. Seine Autobiografie trägt den Titel »Und wir sind dabei gewesen«. Dabeisein, sich engagieren anstatt wegzuschauen – das ist sein Programm, seine Grundhaltung. Der inhaltliche Kompass dieser Haltung aber ist für Christian Führer die biblische Botschaft! Genau das kommt in seinen hier gesammelten Predigten, Reden und Vorträgen zum Ausdruck. Wir sehen: Die Geschichte von Christian Führer endet nicht 1989. Er bleibt seinen Themen treu und misst sein Handeln am Evangelium, das er jeden neuen Tag zu verkündigen und umzusetzen sucht – immer mitten in der Welt. Da geht es um eine Demonstration am Waffendepot, ein Friedensgebet nicht in Leipzig, sondern in München, um eine Demonstration gegen Nazis.

»Keine Gewalt!« – Dieser Ruf, der 1988/89 aus den Kirchen von Leipzig, Dresden, Ostberlin auf die Straßen der

---

* Christian Führer hat das Entstehen des Buches intensiv begleitet und sein Erscheinen mit Freude erlebt. Leider verstarb er noch im Jahr der Veröffentlichung nach langer Krankheit.

DDR getragen wurde, ist der Leitfaden der Predigten und Beiträge Christian Führers. Er steht damit in großer Tradition: in der Nachfolge des Jesus aus Nazareth natürlich, der die Friedensstifter selig pries und im Garten Gethsemane sagte: »Stecke dein Schwert an seinen Ort!« (Matthäus 26,52). Aber er steht auch in der Tradition Martin Luthers, der »weder in den frühen Sturmjahren der Reformation noch je später« wollte, dass »mit Gewalt und Töten für das Evangelium gestritten wird«.[1] Und Christian Führer steht in der Nachfolge Martin Luther Kings, der an Gewaltlosigkeit festhielt, als viele Gewalt als einzige Lösung ansahen.

Christian Führer hat mit dem konsequenten Ruf »Keine Gewalt!« bei gleichzeitiger Entschlossenheit, die Welt im Sinne von Gerechtigkeit, Frieden und Bewahrung der Schöpfung zu verändern, unserer Kirche einen großen Dienst erwiesen. Dabei war er manches Mal ein Einzelkämpfer. Für Kirchenleitungen sind Pfarrerinnen und Pfarrer wie er eine Herausforderung, weil sie sich nicht einordnen, sondern je nach ihrem eigenen Gewissen handeln. Auch für Kollegen war er das sicher manches Mal, weil sich der Blick schnell auf den Einen richtet und all die anderen nicht mehr gesehen werden. Und ja, starrköpfig konnte Christian Führer auch sein. Ich erinnere mich an die Zeit, als ich als Generalsekretärin des Kirchentages die Vorbereitungen für den Leipziger Kirchentag 1997 zu verantworten hatte. Christian Führer erklärte, dass im Umkreis »seiner« Nikolaikirche keine Pfadfinder auftauchen

---

[1] Heinz Schilling, Martin Luther. Rebell in einer Zeit des Umbruchs, München 2012, S. 209.

dürften. Die besten Argumente dafür, dass Pfadfinder nun »weiß Gott« etwas völlig anderes seien als Hitlerjungen oder Pioniere, halfen nichts.

Dieses Buch mit den Beiträgen von Christian Führer finde ich bedeutsam, weil klar wird: Aus dem Wort Gottes, aus der Predigt kommt das Engagement von Christinnen und Christen in der Welt. Manches Mal wird ja gefragt: Darf denn die Kirche politisch sein? Oder es kommt die Aufforderung: Wenden Sie sich doch dem Eigentlichen zu. Und damit ist dann gemeint, Verkündigung und Seelsorge ins Zentrum zu stellen. Christian Führer zeigt auf wunderbare Weise, wie die Rückbesinnung auf die Bibel immer mitten in die Welt führt: Wenn die Trauernden getröstet werden, die Sehnsucht nach Gerechtigkeit wachgehalten wird und diejenigen, die reinen Herzens sind, seliggepriesen werden, dann hat das Konsequenzen. Wenn gefordert wird, die »Fremdlinge«, die unter uns wohnen, zu schützen, dann hat das etwas zu tun mit den Flüchtlingen heute. Wenn für die Bibel die »Armen im Land« der Maßstab für Gerechtigkeit sind, kann nicht ignoriert werden, wie es Hartz-IV-Empfängern, Alleinerziehenden und Obdachlosen im reichen Deutschland unserer Gegenwart geht. Wenn der Prophet von der Vision spricht, Schwerter zu Pflugscharen umzuschmieden, macht das nachdenklich mit Blick auf Kriege und Rüstungsexporte.

Die hier versammelten Predigten und Vorträge von Christian Führer sind ein anregendes, lebendiges Beispiel dafür, dass Bibellektüre immer mitten in die Welt weist! Das wussten schon die Reformatoren. Für sie war beispielsweise der Schritt hin zur Ehe ein Zeichen dafür, dass auch das Leben in einer Familie mit Sexualität und Kindern in gleicher Weise von Gott gesegnetes Leben ist. Die öffentliche Heirat bisher zölibatär lebender Priester, Mönche und Nonnen war ein theologisches Signal. Die Theologin Ute Gause erklärt, diese habe »etwas für die Reformation Elementares« deutlich machen wollen: »die Weltzuwendung und demonstrative Sinnlichkeit des neuen Glaubens«.[2] Die Reformatoren wollten zeigen: Weltliches Leben ist nicht weniger wert als priesterliches oder klösterliches. Es geht darum, den Glauben an Gott zu leben im Alltag der Welt.

Wie das möglich ist, dafür sind das Leben und die Predigten und Reden von Christian Führer ein lebendiges Zeugnis. Als Pfarrerin finde ich die Texte des Kollegen ungeheuer ermutigend. Als Christin bewundere ich seine Standfestigkeit. Und als Seelsorgerin wünsche ich ihm die Kraft, auch nach dem Verlust seiner Frau und in der Dankbarkeit für seine Kinder und Enkel weiterhin nicht zu schweigen, sondern zu reden. Ganz im Sinne von Psalm 35,28: »Und meine Zunge soll reden von deiner Gerechtigkeit und dich täglich preisen.« Genau das tut Christian Führer: Gott loben. Und das Lob Gottes umsetzen in den Alltag der Welt. Das ist anrührend, ermutigend und zukunftsweisend.

Reformationstag 2013
Margot Käßmann

---

[2] Ute Gause, Durchsetzung neuer Männlichkeit? Ehe und Reformation, in: EvTh 73 (2013), 5, S. 327.

Inhalt

Fürchte dich nicht, sondern rede

Freundlich und mit Salz gewürzt

So kommt der Glaube aus der Predigt

Nach 40 Jahren

Als Schwache zu Kräften gekommen

Predigt über 1Kor 15,20

1. Osterfeiertag 1990, 15. April, St. Nikolai

Liebe Gemeinde!

Ihr seid von nah und fern heute zum Ostergottesdienst in unsere Nikolaikirche gekommen: noch einmal herzlich willkommen!

Nach dem Christfest ist es nun das zweite Mal, dass wir miteinander feiern können; nicht mehr durch Stacheldraht und Mauer getrennt, nicht mehr auf die Almosen des totalen Machtapparates angewiesen.

Wer hat uns den Stein weggewälzt, der jahrzehntelang zwischen uns lag, wer hat unsere Herzen berührt, dass uns ein Stein nach dem anderen vom Herzen fiel? Das hängt mit DEM zusammen, DESSENtwegen wir Ostern feiern: JESUS von Nazareth, der CHRISTUS. Drei Jahre nur hat ER in der Öffentlichkeit gewirkt. Und in diesen drei Jahren hat ER der Welt eine unverlöschliche Spur des Segens eingeprägt. JESUS, der »Rebell gegen Gewohnheit und Herrenmacht«, wie IHN der neomarxistische Philosoph Ernst Bloch nennt; JESUS, DER gekommen ist, zwei Dinge zu bekämpfen und zu besiegen, die Sünde und den Tod, wie der französische Existenzialist und Schriftsteller Albert Camus sagt; JESUS, DER durch SEINE Auferstehung zum Erstling derer geworden ist, die entschlafen sind, wie der Apostel Paulus schreibt. Und innerhalb dieser drei Jahre waren es drei Tage, die eine besondere Bedeutung gewannen, drei Tage, die die Welt schon über

knapp 2000 Jahre hin erschütterten und bewegten: Grün-
donnerstag, Karfreitag, Ostern.

Mit wenigen Worten hat Kurt Marti das Geschehen
skizziert:

»Über SEIN Schweigen hin rollte der schnelle Prozess.
Ein Afrikaner schleppte für IHN den Balken zum Richt-
platz hinaus.
Stundenlang hing ER am Kreuz – Folter mit tödlichem
Ausgang.
Drei Tage später *die nicht zu erwartende Wendung.*
Anstatt sich verstummt zu verziehen ins bessere Jenseits
brach ER von Neuem auf in das grausame Diesseits
zum langen Marsch durch die Viellabyrinthe
der Völker, der Kirchen und unserer Unheilsgeschichte.«

Ja, so ist ER nun auch in unserer Unheilsgeschichte des aus-
gehenden 20. Jahrhunderts angekommen und gegenwärtig.
Wie reden wir davon, wie erleben wir dies? Indem wir von
Karfreitag und Ostern heute reden. Allerdings muss ich
euch hierbei eine kalendermäßige Änderung zumuten.
Denn Karfreitag war für mich ein Sonnabend. Und der Auf-
erstehungstag ein Montag. Und das alles nicht, wie es sich
normalerweise gehört, in den Monaten März/April, sondern
im Oktober. Ihr wisst es nun: Ich rede vom 7. und 9. Oktober
1989.

- Sonnabend, der 7. Oktober, war als Feiertag geplant. Dazu
  ein besonderes Datum: 40 Jahre DDR! »Ja nicht auf dem
  Fest!«, ja keine Unruhe auf dem Fest, das war die deutliche Devise an die sogenannten Sicherheits- und Ord-

nungskräfte landauf, landab in dieser DDR. Denn es sollte das Fest stattfinden, auf jeden Fall und ohne Störungen stattfinden. Es sollte unter allen Umständen ein »Aufruhr im Volk« verhindert werden. All die Befehle, all das Sicherheitsdenken aber führten dazu, dass in vielen Städten dieses Landes, dass hier in Leipzig, dass hier vor der Kirche auf dem Platz unschuldige, wehrlose Menschen geschlagen, getreten und abtransportiert wurden. Statt Festtagstrubel war nach dem letzten Polizeieinsatz um 21.40 Uhr Friedhofsstille eingetreten. So wurde dieser Sonnabend für mich und viele Menschen zum Karfreitag, einem Karfreitag, wie wir ihn noch nie erlebt hatten.

- Der stille Karsamstag war Sonntag, der 8. Oktober. Er war tatsächlich still, gedrückt, voller Angst. Nach all dem Schrecken eine Atempause. Für wen aber auch alles! Wie würde es weitergehen?

- Montag, der 9. Oktober, brach an. Und mit ihm kamen die Nachrichten von allen Seiten! Nachrichten, die die Befürchtungen nährten, dass nun endgültig gewaltsam alles ausgetreten, alles beendet werden sollte, was sich in und um die Kirche tat. Wie die Frauen damals mit Trauer, Angst und Schmerzen zum Grab aufbrachen und nichts weiter erwarteten als den toten JESUS: so brachen wir mit unserer Morgenandacht in den Tag des 9. Oktober auf. Auch uns erwartete nur Schreckliches. Was aber erlebten wir tatsächlich?

Wir erlebten *die nicht zu erwartende Wendung*!

Die Kirchen konnten die Menschen nicht fassen! Ein bis dahin nicht erlebter Zug von Menschen formierte sich aus den Kirchen auf die Plätze. Gewaltlos setzte sich der Menschenstrom in Bewegung. ER, CHRISTUS selbst, war mit SEINEM Geist der Gewaltlosigkeit und des Friedens unter uns getreten und ging mit uns auf den Ring!

»Die Wächter«, sprich: Polizisten, Kampftruppenangehörige und Soldaten, ließen Waffen und Schlagstöcke sinken. Provokateure wurden mit dem Ruf »Keine Gewalt, keine Gewalt« zur Ruhe gebracht. So hatten wir das »Friede sei mit euch« unseres auferstandenen HERRN noch nie gehört. »Mehr als 500 Brüder auf einmal«, sprich: mehr als 70 000 Menschen auf einmal, erlebten dies alles mit. Und als wir abends um 22.00 Uhr zwar nicht hinter verschlossenen Türen, aber hinter Türen im Pfarrhaus saßen, wich der ungeheure Druck. Freude war es noch nicht. Ein Gefühl der Erleichterung und Dankbarkeit aber nahm nach und nach von uns Besitz: Dank gegenüber GOTT, Dank für die spürbare Nähe unseres HERRN CHRISTUS, Dank für erfahrene Bewahrung aller.

So war es für uns Ostern geworden im Herbst.

Nach der brutalen Gewalt – drei Tage später die nicht zu erwartende Wende!

Nun hat uns Ostern auch kalendermäßig eingeholt. Ich habe versucht, das, was wir erlebten, zu beschreiben. Und doch ist es nur für die, die dabei waren, ein unvergessliches Erlebnis. Und wieder nur für die, die Christen sind, ist in dem wunderbaren Geschehen die Nähe und Gegenwart des auferstandenen HERRN erlebbar geworden. Für die anderen, die dabei waren, ist es nicht weniger wunderbar gewesen, aber es bleibt für sie im Letzten rätselhaft, beziehungsweise sie suchen tausend Gründe, um das Geschehen zu erklären. Aber kommt es auf die Erklärung an – oder vielmehr darauf, dass das Wunderbare sichtbar, erfahrbar, erlebbar wird?

Nun aber ist CHRISTUS von den Toten auferstanden …

Gewalt und Tod sind nicht das Letzte. Diese Wirklichkeit hat JESUS CHRISTUS mit SEINEM Kreuz und SEINER Auferstehung unter uns manifestiert. So lasst uns mit Freude und Zuversicht den Weg, der vor uns liegt, gehen. Es ist der Weg in die Zukunft des Reiches GOTTES, der durch nichts und niemanden, durch keinen Stacheldraht, durch keine Mauer, durch keinen Schlagbaum, weder durch Klassen- noch durch Rassenschranken, auch nicht durch Weltanschauungen und Ideologien versperrt werden kann. Denn Ostern ist nicht ein Traditions- und Erinnerungsfest, kalendermäßig festgelegt, und JESUS ist nicht nur zwischen Jerusalem und Emmaus und zwischen der Nikolaikirche und dem Hauptbahnhof auf dem Leipziger Ring mit den Menschen auf dem Weg.

Darum ist dieses schleimige Angepasstsein, darum ist die gebückte Haltung gegenüber Menschen und Verhältnissen für einen Menschen und erst recht für einen Christen unangemessen und unwürdig. Lassen wir dies ein für alle Mal hinter uns. Angepasstes Verhalten und gebückte Haltung sind auch gegenüber kommenden gesellschaftlichen Formen unangemessen und unwürdig.

JESUS lebt – mit IHM auch ich!

Das ist die Osterbotschaft, die ich uns heute weitergebe.
Damit wollen wir von heute an leben.

Amen.

Hilft beten?

Zur Entstehung des Friedensgebets

Dass das Gebet seinen Platz sowohl im »stillen Kämmerlein« als auch im öffentlichen Raum der Kirche von Anfang an hatte und hat, ist hinlänglich bekannt. Dass aber das Gebet für Gerechtigkeit, Frieden und Bewahrung der Schöpfung auch die nichtchristliche Öffentlichkeit erfasste und zu weitreichenden politischen Folgen führte, ist eine neue Erfahrung der Evangelisch-Lutherischen Kirche in der DDR geworden. Es begann senfkornartig klein. In der Nikolaikirche Leipzig fing der Weg der Verheißung 1981 mit zehn Friedensgebeten zur Einführung der Friedensdekade an, ab 1982 die Intensivierung durch den regelmäßigen wöchentlichen Rhythmus, jeden Montag 17 Uhr, im Herzen der Großstadt, in immer derselben Kirche.

Die »Gebrauchsanweisung« für das Friedensgebet entnahmen wir dem Römerbrief, Kapitel 12 Vers 11 und 12:

Seid nicht träge in dem, was ihr tun sollt.
Lasst euch vom GEIST entzünden.
Seid fröhlich in Hoffnung, geduldig in Bedrängnis,
beharrlich im Gebet.

Grundsatz war und ist, dass jede persönliche oder gesellschaftliche, jede lokale oder globale Not im Gebet vor GOTT gebracht und vor Menschen öffentlich gemacht werden kann. Das alles soll im Geist des Evangeliums vom Kreuz CHRISTI als Wort von der Versöhnung geschehen und auf dem Boden der Gebote GOTTES stehen. Dazu gehört ein Mindestmaß an Konstruktivität. Bloße Wirklichkeitsbeschreibungen, die in Ausweglosigkeit enden, widersprechen dem Auftrag der Kirche. Auch die Herabwürdigung anderer hat in Friedensgebeten keinen Platz. Allerdings auch nicht die unerträgliche Ausgewogenheit vieler kirchlicher Verlautbarungen. Denn ungeschminkte, ehrliche Zeugnisse der Betroffenheit in Trauer und Wut, schonungsloses Aufdecken staatlicher Willkür und Ungerechtigkeit, struktureller wie persönlicher Gewalt war im Friedensgebet unverzichtbar.

Schon bald nach ihrer Entstehung haben die Friedensgebete eine eigene Form gefunden. Das Besondere daran ist wohl vor allem, dass jeweils eine andere Gruppe die Gestaltung übernimmt (erwachsen aus den sogenannten »Basisgruppen« der DDR, die sich den Themen des Konziliaren Prozesses »Gerechtigkeit, Frieden, Bewahrung der Schöpfung« verpflichtet fühlten).

Im Zentrum des Friedensgebetes standen und stehen Schriftlesung, Bibeltext mit Auslegung durch einen ordinierten Pfarrer oder eine Pfarrerin, die sich die Gruppe selbst wählt, Meditationsmusik, Informationen zur aktuellen Lage, Gemeindelieder zeitgemäßer Art aus dem eigenen Liedheft, Fürbitten, VATERunser, Segen. Dazu Orgelmusik am Anfang und Ende.

Zusätzliche Gestaltungselemente sind z. B. das Entzünden von Kerzen zu den Fürbitten, wo es passt, Chöre oder Gesangs- und Tanzgruppen sowie Orgelmeditationen.

Ein Charakteristikum – die niedrige Schwelle, getreu dem Motto der Nikolaikirche »offen für alle«. Deshalb wenig Liturgie, aber immer wiederkehrende Elemente mit Wiedererkennungseffekt, damit Atheisten oder Kirchenfremde sich schon beim zweiten Mal ein wenig vertraut fühlen.

1989 war die wunderbare Frucht ununterbrochener wöchentlicher Friedensgebete herangereift. Am 9. Oktober, dem Tag der Entscheidung, wurde die Nikolaikirche im Verbund mit den anderen Innenstadtkirchen zum Ausgangspunkt der Demonstration der 70 000 und damit zum Kernpunkt der Friedlichen Revolution überhaupt. Immer wieder hatte die Bergpredigt JESU eine zentrale Rolle gespielt. Immer wieder, so auch an diesem Tag, die Bitte: »Lasst die Gewaltlosigkeit nicht in der Kirche stecken, nehmt sie mit hinaus auf die Straßen und Plätze!«

Denn: Beten und Handeln, drinnen und draußen, Altar und Straße gehören zusammen!

So nahm ein Vorgang seinen Lauf, den es noch nie in der deutschen Geschichte gegeben hatte: eine Revolution ohne Blutvergießen, eine Friedliche Revolution, eine Revolution, die aus der Kirche kam. Ein Wunder biblischen Ausmaßes!

Hilft beten? Die Frage hat bei uns eine eindeutige und spezifische Antwort bekommen.

Pfarrer em. Christian Führer

Vortrag: »Leben und Bleiben in der DDR«

19. Februar 1988, St. Nikolai

Liebe Gemeinde, liebe Zuhörer!

Für die einen wird unser Thema kein Thema mehr sein: Sie haben sich bereits entschieden, nicht mehr in der DDR zu bleiben und zu leben. Für die anderen ist es kein Thema, weil es kein Thema sein darf. Allein schon die Tatsache, laut darüber nachzudenken, beunruhigt sie … Und wieder andere finden sich durch die Ausreise von Verwandten, Arbeitskollegen, Freunden unversehens in die Lage versetzt, darüber nachzudenken, warum sie selbst noch da sind. Wenn dann Grüße aus Hamburg oder München kommen, sieht man sich unter Umständen plötzlich ohne eigenes Zutun in der Rolle des Unbeweglichen, des Angepassten und Anspruchslosen, der keinen Mut zur Veränderung mehr hat.

Auch war die Verunsicherung nicht unbeträchtlich, als am 8. März 1985 im *Neuen Deutschland* Leserstimmen zum Thema »Rückkehr in die DDR« abgedruckt worden waren. Man fragte sich beklommen: Wenn bereits 20 000 Personen die Rückkehr in die DDR erwägen, wie groß muss dann erst die Zahl derer sein, die insgesamt ausgereist sind bzw. deren Antrag noch läuft?

Zudem gaben mir das Unverständnis, die geäußerte Empörung und Verurteilung gegenüber den Ausgereisten zu denken. War damit nicht ungewollt dokumentiert, wie sehr sich die Hiergebliebenen, die Schreiber getroffen, in Frage gestellt oder angegriffen fühlten?

Aus dem allen ergibt sich: Weder das Weggehen noch das Hierbleiben versteht sich von selbst. Über beides muss nachgedacht werden. Das wollen wir jetzt tun. Ich habe dazu Beiträge von Joachim Garstecki, Manfred Runge, Dr. Heino Falcke und Luise Kinzel zu Rate gezogen und verarbeitet.

Erstens: Warum stellen Bürger der DDR einen Ausreiseantrag?

Diese Frage muss sich die sozialistische Gesellschaft der DDR gefallen lassen. Diese Frage darf nicht unterdrückt, verdrängt oder diffamiert werden. Sie muss als beunruhigende Problemanzeige ernst genommen werden, im eigenen Interesse und im Interesse all derer, die hier bleiben und leben wollen.

Lassen wir zunächst drei Marxisten zu Wort kommen:

»Durch ständiges Administrieren, durch Versammlungen, die so organisiert sind, dass unbequeme Fragen ausgeschlossen bleiben, dass Fragen überhaupt nicht so ungeheuer beliebt sind, sondern dass eine Versammlung eher darin bestehen soll, dass man einen reden lässt, ihm mehr oder weniger zuhört und am Ende einer Resolution zustimmt – dadurch werden eher negative Ergebnisse erzielt. […] Das Administrieren und das übermäßige Schulen, das endlose Zuhören und die unzähligen Resolutionen sollten ersetzt werden durch Diskussionen.«

So Stephan Hermlin.

»Bei uns? So wenig Eigentümliches, überall Klischeeverhalten, Angst vor dem Wagnis […] und alles verplant vom

Vater Staat. Wer aus der Reihe tanzt, wird zurückgepfiffen. Das macht mir Angst [...]. Wenn wir wirklich dialektisch denken würden, könnten wir begreifen, wohin das führen muss, nämlich wie in der Biologie: Dort führt Einengung und Abschirmung zum Absterben der Arten [...].«

So Maxi Wander.

»Manche betreiben dauernd Schönfärberei [...]. Wenn Presse, Fernsehen und Rundfunk in einer sozialistischen Gesellschaft immer nur ›für‹ und so selten ›gegen‹ kämpfen, dann macht das lustlos und ermüdet.«

So Jürgen Kuczynski.

Ich meine, hier kommt einiges zum Ausdruck, was in diesem Land Mühe macht. Administrieren statt diskutieren, Resolutionen anstelle eigner Meinung, Angst vor dem Wagnis, Einengung und Abschirmung, Schönfärberei, um einige Begriffe noch einmal aufzunehmen.

Hinzu kommt eine Reihe von Enttäuschungserfahrungen schwerwiegender Art. Gerade bewusst lebende und verantwortlich denkende Menschen leiden darunter, dass unser Staat, wie Heino Falcke schreibt, hinter den Hauptaufgaben unserer Zeit – globale Gerechtigkeit und Naturbewahrung – weit zurückbleibt.

Auch stimmen die permanenten Beschwörungen der sozialistischen Errungenschaften in allen Medien oft nicht mit den realen Erfahrungen vieler Bürger an der Basis überein. Die Allgegenwart und allseitige Vermittlung einer Weltanschauung, die den Staat zu einer quasi-religiösen Institution werden lassen, die den unablässigen

Dank und die Verehrung seiner Bürger wünscht oder gar fördert, ist vielen unerträglich geworden. Hinzu kommen Frustrationserfahrungen im Arbeitsprozess, bei Reiseanträgen, in Wohnungsfragen, Gefühle von Angst des Einzelnen gegenüber dem so totalen Staat … Kurz: Könnte der Ausreiseantrag bei vielen eine Reaktion auf zu viel Staat bei uns sein? Ausreiseantrag in Ermangelung anderer Möglichkeiten?

Hierüber muss nachgedacht werden. Vor allem von denen, die weiterhin dieses Land regieren und verwalten, und denen, die weiterhin hier leben und bleiben wollen. Daneben gibt es eine Reihe von Ausreiseanträgen, die so eindeutig sind, dass wir alle sie vermutlich verstehen können: Familienzusammenführungen, Krankheiten, die eine Spezialbehandlung erfordern, schwere Konflikte und Leiderfahrungen mit und an der Staatsmacht, verletzende und entwürdigende Behandlung durch Behörden.

Und natürlich gibt es auch trügerische Hoffnungen, schillernde Sehnsüchte nach einem radikalen Neuanfang vermittels Grenzübertritt. Wer wollte das in Abrede stellen?

Nach diesem unvollständigen Versuch einer Sichtung und des Ernstnehmens der Gründe mein zweiter Punkt: Was ist im Fall des Weggehens oder Hierbleibens zu überlegen?

Ich möchte keine Systemgegenüberstellung, kein Abwägen von Vorzügen und Nachteilen hüben und drüben. Ich möchte bewusst ganz Persönliches ansprechen. Es ist zu überlegen:

- Ist die Übersiedlung in den Westen wirklich der Ausweg aus meinen aktuellen Problemen? »Ortswechsel hilft dir doch nicht aus deiner Haut«, sagt Hemingway.
- Wer vertritt mich hier, wenn ich gehe: in der Familie, in der Verwandtschaft, in der konkreten christlichen Gemeinde, an meinem Arbeitsplatz?
- Wer spricht das aus, was ich inzwischen zu sagen wage? Wie viel Resignation löst mein Weggang aus? Wie viele werden nun noch mehr ins Schweigen geraten?
- Wie viel Engagement für Frieden, wie viel Lebensmut und Fähigkeit, Konflikte auszuhalten, wie viele gute Gedanken gehen diesem Land verloren?
- Was wird aus dieser sozialistischen Gesellschaft, wenn sich die kritischen Künstler, Dichter und Denker, Arbeiter und Bauern, Angestellten, Freiberuflichen und Ärzte zurückziehen oder in den Westen gehen? Schmälern sie nicht, ohne es zu wollen, die Lebenserwartung des kleinen Senfkorns Hoffnung unter uns allen?

Könnten diese Überlegungen, besonders auch für Nichtchristen, schon ein Anstoß, eine Motivation zum Hierbleiben werden?

Denn das ist nun tatsächlich am wichtigsten und am schwierigsten:

Drittens: Was ermutigt zum Bleiben?

Es wäre von der Sache her leichter zu formulieren: Was verpflichtet zum Bleiben? Aber schon dieses Wort »Verpflichtung« hat solch einen Klang, der austreibende bzw. abschaltende Wirkung hat. Darum sage ich: Was ermutigt zum Bleiben?

Soll ich nun von »Heimat« und »Vaterland« sprechen? Das spielt natürlich eine Rolle in uns allen. Aber in einem geteilten Vaterland und in einer bei vielen durch die Kriegsfolgen diktierten Heimat davon zu sprechen, ist ohnehin nicht einfach.

Wie finde ich den Weg zum Bleiben? Ich finde ihn nicht über lückenloses Verschließen der Grenzen, nicht über Verpflichtungen, nicht über die entwerteten Begriffe wie »Treue zum sozialistischen Vaterland«, nicht über die immer wieder fast beschwörend gebrauchte Formel von der Überlegenheit des sozialistischen Systems.

Ich finde den Weg zum Bleiben nur dort, wo ich auch sonst den Mut zum Leben und die Ermutigung zu Wort und Tat finde. Ich denke da besonders an eine Situation, die im Johannesevangelium (6,67–69) geschildert wird:

Da fragte JESUS die Zwölf: ›Wollt ihr auch weggehen?‹ Da antwortete IHM Simon Petrus: ›HERR, wohin (zu wem) sollten wir gehen? DU hast Worte des ewigen Lebens; und wir haben geglaubt und erkannt, dass DU der Heilige GOTTES bist.‹

Ja, liebe Gemeinde, liebe Zuhörer: Wohin sollten wir gehen? Wo ist das Land unserer Träume, das Land der Erfüllung? Ich kann das gelobte Land auf unserem Globus auch heute nicht finden; trotz aller tatsächlichen, graduellen Unterschiede nicht. Aber ich weiß, dass auf unserem Globus DER zu finden ist, DER uns Menschen Heimat und Halt geben kann. ER ist nicht systemgebunden. ER ist nicht abhängig von Pässen und Visa. ER ist in umfassendem Sinn grenzüberschreitend. ER ist also auch bei uns in der DDR zu finden.

Wer wie Petrus den Heiligen GOTTES in JESUS CHRISTUS erkannt hat, kann überall auf dieser Erde leben, also auch hier in der DDR. Denn an jedem Ort gibt ihm das Vertrauen zu JESUS Heimat und Halt, Mut zum Leben, Ermutigung zu Wort und Tat.

Unter dieser Voraussetzung sehe ich sinnvolles Bleiben. Denn solches Bleiben ist nicht von äußerer Anpassung und innerer Emigration bestimmt, ist kein gleichgültiges Hinnehmen, enttäuschtes Ertragen oder verbittertes Sich-Abfinden.

Solches sinnvolles Bleiben kann nur ein kritisches Bleiben sein, gekennzeichnet von dem Bemühen um »kooperativen Protest« und um die stetige Balance zwischen Sich-Einmischen und Sich-Verweigern, zwischen Resignation und Akklamation, zwischen »Widerstand und Ergebung«: getragen von dem Vertrauen zu JESUS, DER uns Heimat und Halt ist, schon hier und schon jetzt.

Und ein persönliches Wort zum Schluss:

Für mich war es und ist es eine positive Herausforderung, hier in der DDR zu leben! Ich brauche das Sich-Einsetzen, die Schwierigkeit von der Sache, nicht von Privilegien o. Ä. her. An Schwierigkeiten wächst man, bin auch ich stärker geworden. Hier haben wir Erfahrungen gesammelt, hier kennen wir die Argumente und Verhältnisse. Wer sonst könnte in diesem Land etwas ändern, wenn nicht wir, die wir »von hier« sind? Manchen schwebt die politische Vision eines »verbesserlichen Sozialismus«

vor. Man wird sehen. Ich jedenfalls habe in meinem ganzen bisherigen Leben immer wieder erfahren: Kämpfen lohnt; der Kleinglaube wird beschämt.

Im Psalm 65 heißt es in den Versen 6–9:

GOTT, unser Heil, DER DU bist die Zuversicht aller auf Erden und fern am Meer; DER DU die Berge festsetztest in DEINER Kraft [...]
DER DU stillst das Brausen des Meeres [...] und das Toben der Völker [...]
DU machst fröhlich, was da lebet im Osten und im Westen.

Diese Erfahrung wünsche ich uns hier im Osten und denen im Westen.

Amen.

Predigt über 1Mose 28,10–19a

11. September 1989, Friedensgebet St. Nikolai

Liebe Gemeinde!

In allen evangelischen Kirchen der DDR wird heute, am 14. Sonntag nach Trinitatis, über eine Fluchtgeschichte gepredigt. Es ist die Fluchtgeschichte eines berühmt gewordenen Mannes. Es handelt sich um keinen Geringeren als Jakob, der später den Namen Israel trägt und zum Stammvater eines ganzen Volkes, des Volkes Israel nämlich, wird. Unser Predigtabschnitt enthält das alles entscheidende Schlüsselerlebnis dieser Flucht.

Die Ereignisse, die vorangingen, waren bestürzend und beschämend zugleich. Ja, er war klug, der Jakob, wie die Welt klug ist. Zweimal hat er den einfachen, im Denken schwerfälligeren Bruder Esau hereingelegt. Er wollte die durch die Geburt festgelegten Bedingungen nicht akzeptieren. Auf betrügerische Weise hat er ihm erst das Erstgeburtsrecht und dann den Segen abgelistet. Er wurde zum Anpassungskünstler, wo es um seinen persönlichen Vorteil ging. Auf Dauer konnte das natürlich nicht gutgehen. Zu Hause wird ihm der Boden zu heiß unter den Füßen. Seine Mutter Rebekka wird zur Fluchthelferin. Und so finden wir ihn wieder:

Unterwegs, auf der Flucht vor der eigenen Vergangenheit – umgeben von Einsamkeit und Wüste – vor sich zwar ein Ziel, aber doch unglaublich fremd und fern. So überfällt ihn die Nacht. Ein Stein als Kopfkissen. Kalt funkeln die Sterne.

Auch wir halten inne. So sehr einerseits dieser Weg des Jakob einmalig ist, historisch festliegend, unverwechselbar, so sehr hat dieser Weg andererseits übertragbare Züge, die auch uns heute keineswegs fremd sind. Der Mensch auf der Flucht: Das ist ein Thema mit vielen Variationen.

Es gibt die Flucht vor einer realen Bedrohung. Wir denken an Menschen, die wie im Libanon vor militärischer Bedrohung fliehen, die in Mosambik nicht mehr die Felder zu bestellen wagen und in die Städte fliehen, oder an Menschen, die vor dem Hunger zu fliehen versuchen, vornehmlich in der 2./3. Welt. Nach neuesten Schätzungen sind es an die 14 Millionen Menschen auf der Erde.

- Es gibt die Flucht aus Zwängen und Verhältnissen, die krank und kaputt machen.
- Es gibt die Flucht vor sich selbst und der eigenen Vergangenheit.
- Es gibt die Flucht aus Ehe und Familie.
- Es gibt die Flucht in Arbeit und Karriere.
- Es gibt die Flucht vor der Einsamkeit in die Sucht.
- Es gibt die Flucht aus Angst, Entscheidendes im Leben zu versäumen, wenn man bleibt, wo man ist.
- Es gibt die Flucht mit dem Wunsch, noch einmal neu zu beginnen, ganz anders, ganz von vorn.
- Es gibt die ansteckende Flucht, die die Menschen wie in einer Art Torschlusspanik ergreift.

Wie viele Gesichter hat die Flucht. Wie viele Ursachen. Schuld, Verbitterung, Enttäuschung, Hass, Vorteilsdenken,

Verzweiflung säumen die Fluchtwege. Und die Nächte voller Dunkelheiten. Wie soll man das aushalten?

Aber gerade in der Nacht, allein mit einem Stein, von keiner menschlichen und kreatürlichen Wärme getröstet, fern von zu Hause, gibt es für Jakob die entscheidende Wende. Genau dort, wo er vor Dunkelheit und Erschöpfung nicht mehr weiterkann, erfährt er die Gegenwart GOTTES. Im Traum erfährt er die Anrede GOTTES. Er ist nicht mehr allein. Die Dunkelheit wird hell. GOTTES Wort erreicht ihn am Boden: *ICH bin mit dir und will dich behüten, wo du hinziehst, und will dich wieder herbringen in dies Land. Denn ICH will dich nicht verlassen, bis ICH alles tue, was ICH dir zugesagt habe.*

Ist er doch wieder auf die Füße gefallen, Jakob, der schlaue Fuchs?

Hat er's auch hier wieder gepackt? Nein, dieses Mal war es ganz anders. Nichts hat er mehr gepackt. Am Boden lag er, hilflos und allein. Er war so sehr am Boden, dass nichts und niemand ihn hätte wieder auf die Beine bringen können. *Darum* hat ihn GOTT wieder aufgerichtet. *Darum.* Denn nicht wahr: Trotz seiner Schuld und Vergangenheit war er doch immer noch – ein Mensch. Ein Mensch, dessen sich GOTT annimmt. Darum diffamieren oder gar verachten wir nicht Menschen auf ihren Fluchtwegen. Denn wir alle sind verschiedentlich im Leben darauf angewiesen, dass GOTT sich unser annimmt.

Liebe Gemeinde! Diese Art GOTTES, mit Menschen umzugehen, ist die gute Nachricht für den Einzelnen wie für die Menschheit und wurde und wird so im Lebensvollzug erfahren! Was hier einem Menschen widerfuhr, hat JESUS vielen Menschen in der Vollmacht GOTTES getan. ER hat die am Boden Liegenden, durch eigene Schuld, durch fremde Schuld am Boden Liegenden wieder aufgerichtet dort, wo ER sie traf. Außerhalb des Tempels, abseits des Kultes, in Dörfern und auf Landstraßen, draußen vor der Tür und in den Hütten der Armen.

Und so erleben wir es bis heute: Wo wir vor Dunkelheit und Erschöpfung im Leben nicht mehr weiterkönnen, begegnet uns GOTT. Wo wir mit unserer Kraft am Ende sind, dort ist der Punkt, an dem die Himmelsleiter beginnt und wir die aufrichtende Nähe GOTTES zu spüren bekommen.

Da spielt es dann, GOTT sei Dank, keine Rolle mehr, was alles uns bisher von GOTT trennte, was nicht stimmte im Leben, was uns auf den Fluchtweg brachte. GOTTES unverdiente Zuwendung hebt Menschen auf, die am Boden liegen: *Da* fängt das Leben neu an! Mir scheint, es werden immer mehr Menschen in unserem Land, die davon etwas zu ahnen beginnen.

Darum ist unsere Nikolaikirche, dieses Haus der Hoffnung, für alle Menschen offen! Für alle, die nicht mehr weiterwissen. Für alle, die nichts so sehr brauchen wie Hoffnung, wirkliche Hoffnung, Hoffnung über den Augenblick hinaus! Wir lassen es uns von niemandem einreden, dass wir missbraucht würden. JESUS selbst wurde auch diffamiert und verlor SEINEN guten Ruf, weil ER sich mit Menschen abgab, die damals diffamiert und an den Rand gedrückt wurden.

Jakobs Erwachen ist wunderbar! Die Wüste ist noch da, kein Mensch zu sehen. Und doch ist alles anders! Vor

Freude nimmt er den toten Stein, salbt ihn und spricht: *Hier ist nichts anderes als GOTTES Haus, Beth-El, und hier ist die Pforte des Himmels!* Und auch die Furcht ist noch da über diese unerwartete Begegnung, über diesen nicht gehofften Neuanfang. Aber – ist das nicht unerhört? Von einem lausigen Platz in der Wüste zu behaupten, hier ist die Pforte des Himmels: Das macht mich stutzig, nachdenklich, und schließlich kommt die Erkenntnis in mir auf – »Pforte des Himmels«, kann das nicht überall sein? Wenn sogar in der Wüste, warum dann nicht auch in dieser Stadt, in diesem Land? Wo GOTT mich vom Boden aufhebt: Dort ist die Pforte des Himmels, egal, was da für Fahnen wehen oder welche Wüste sich da ausbreitet. Ist es nicht das, was wir brauchen, was uns tröstet und neue Hoffnung gibt? Durch diese Erkenntnis wurde aus Jakobs Fluchtweg ein Hoffnungsweg unter dem Schutz und der Verheißung GOTTES. Das, liebe Gemeinde, ist auch unser dringendes Erfordernis heute! Die Fluchtwege müssen umfunktioniert werden zu Hoffnungswegen. Wen GOTT vom Boden aufgehoben hat, der kann dort neu anfangen, wo er gerade ist. Und wenn es in der Wüste ist! Er kann in Freude, untermischt noch mit der Furcht vor dem Vergangenen, in der Wüste weitergehen, weil er nun unter dem Schutz und der Verheißung GOTTES weitergeht. So geht es. So geht es weiter. Sagt's allen weiter.

Amen.

»Kraft den Müden« – Ansprache während der Friedensdekade

»Abend für den Frieden«, 17. November 1989, St. Nikolai

Er gibt dem Müden Kraft und Stärke genug dem Unvermögenden. Männer werden müde und matt, und Jünglinge straucheln und fallen, aber die auf den Herrn harren, kriegen neue Kraft, dass sie auffahren mit Flügeln wie Adler …
Jes 40,29–31

Diese Worte des Propheten Jesaja liegen dem Thema des heutigen Gottesdienstes zugrunde: »Kraft dem Müden und Stärke dem Unvermögenden«. Als ich vor zwei Monaten dieses Thema festlegte, tat ich das aus einer Zeit heraus, die mancher heute schon als »früher« bezeichnet.

Es war die Zeit, die geprägt war von Massenflucht über Ungarn, von der sich immer mehr zuspitzenden Situation der Gewalt und Konfrontation. Es war die Zeit der Gratwanderung, da das Straucheln und Fallen wahrscheinlicher war als alles andere. Am 7. Oktober haben wir in Leipzig erlebt und erlitten, wozu Menschen fähig sind. Wir waren am 9. Oktober über die Maßen beschwert durch Anrufe, Beschimpfungen, Drohungen, Warnungen und die schreckliche Befürchtung, dass der Polizeigewalteinsatz am 7. Oktober nur die Generalprobe für den Montag sein könnte. Wir waren voller Angst und hatten keine andere Hoffnung als die auf GOTT, der Menschen erfassen, ändern und lenken kann.

Und dann machten wir alle eine wunderbare Erfahrung: Wir alle, d. h. die vielen SED-Genossen in der Kirche, wir anderen, die nie gekannten Massen freiwilliger Demonstranten, die Angehörigen der Kampftruppen, der Staatssicherheit, der Deutschen Volkspolizei. Das Furchtbare geschah nicht, alles wendete sich zum Guten; keine Seite verlor das Gesicht, es gab keine Sieger und keine Besiegten. Es gab das große Aufatmen und den Anfang der Wende. Ihr wisst es alle: *Die auf den Herrn harren, kriegen neue Kraft …*

Mit diesem Wort des Propheten Jesaja ist unsere Situation, unsere Erfahrung, das, was wir erlebten, beschrieben. Kraft den Müden und Stärke den Unvermögenden. Diese Lebens- und Glaubenserfahrung unserer Tage weist uns auf die Quelle der Kraft und Stärke hin. Dazu hat ein afrikanischer Prediger erzählt:

Der Adler
Ein Mann ging in einen Wald, um nach einem Vogel zu suchen, den er mit nach Hause nehmen könnte. Er fing einen jungen Adler, brachte ihn heim und steckte ihn in den Hühnerhof zu den Hennen, Enten und Truthühnern. Und er gab ihm Hühnerfutter zu fressen, obwohl er ein Adler war, der König der Vögel.

Nach fünf Jahren erhielt der Mann den Besuch eines naturkundigen Mannes. Und als sie miteinander durch den Garten gingen, sagte der: »Der Vogel dort ist kein Huhn, er ist ein Adler!« – »Ja, sagte der Mann, »das stimmt. Aber ich habe ihn zu einem Huhn erzogen. Er ist jetzt kein Adler mehr, sondern ein Huhn, auch wenn seine

Flügel drei Meter breit sind.« »Nein«, sagte der andere. »Es ist noch immer ein Adler, denn er hat das Herz eines Adlers. Und das wird ihn hoch hinauffliegen lassen in die Lüfte.« – »Nein, nein«, sagte der Mann, »er ist jetzt ein richtiges Huhn und wird niemals wie ein Adler fliegen.« Darauf beschlossen sie, eine Probe zu machen. Der naturkundige Mann nahm den Adler, hob ihn in die Höhe und sagte beschwörend: »Der du ein Adler bist, der du dem Himmel gehörst und nicht dieser Erde: breite deine Schwingen aus und fliege!« – Der Adler saß auf der hochgereckten Faust und blickte um sich. Hinter sich sah er die Hühner nach ihren Körnern picken, und er sprang zu ihnen hinunter. Der Mann sagte: »Ich habe dir gesagt, er ist ein Huhn.« – »Nein«, sagte der andere, »er ist ein Adler. Versuche es morgen noch einmal.«

Am anderen Tag stieg er mit dem Adler auf das Dach des Hauses, hob ihn empor und sagte: »Adler, der du ein Adler bist, breite deine Schwingen aus und fliege!« Aber als der Adler die scharrenden Hühner im Hofe erblickte, sprang er abermals zu ihnen hinunter und scharrte mit ihnen.

Da sagte der Mann wieder: »Ich habe dir gesagt, er ist ein Huhn.« »Nein«, sagte der andere, »er ist ein Adler und er hat noch immer das Herz eines Adlers. Lass es uns noch ein einziges Mal versuchen; morgen werde ich ihn fliegen lassen.« Am nächsten Morgen erhob er sich früh, nahm den Adler und brachte ihn hinaus aus der Stadt, weit weg von den Häusern an den Fuß eines hohen Berges. Die Sonne stieg gerade auf, sie vergoldete den Gipfel des Berges, jede Zinne erstrahlte in der Freude eines wundervollen

Morgens. Er hob den Adler hoch und sagte zu ihm: »Adler, du bist ein Adler, Du gehörst dem Himmel und nicht dieser Erde. Breite deine Schwingen aus und fliege!« Der Adler blickte umher, zitterte, als erfülle ihn neues Leben – aber er flog nicht. Da ließ ihn der naturkundige Mann direkt in die Sonne schauen. Und plötzlich breitete er seine gewaltigen Flügel aus, erhob sich mit dem Schrei eines Adlers, flog höher und höher und kehrte nie wieder zurück.

Ja, was ist das für ein Adler, der sich wie ein Huhn verhält? Was nützen dem Adler meterbreite Schwingen, wenn er nur auf der Erde hockt und scharrt? Was nützen dem Menschen seine Fähigkeiten und Begabungen, seine Erkenntnisse, wenn er sie nicht wagt zu äußern und einzusetzen?

Was nützt es dem Menschen, wenn er seine Meinung nur denkt und leise zu Hause vor sich hinspricht, nach außen aber sich anpasst und mit den paar hingeworfenen Körnern kleiner Vorteile zufriedengibt?

Ist das nicht zum Teil die tragische Geschichte der letzten vierzig Jahre unseres Landes? Wie wird der Adler wieder zum Adler, wie findet der Mensch, der GOTTES Ebenbild ist, wieder zu seiner Bestimmung, Ebenbild GOTTES zu sein, also souverän, frei, aufrecht, verantwortlich, barmherzig, wahr und offen zu sein?

In der Geschichte geschieht es: Der Adler darf nicht nur auf den Arm gesetzt, ihm muss nicht nur gut zugeredet werden, sein Kopf muss empor, der Sonne zugewandt werden! Und plötzlich ist es wieder da, wird die Bestimmung erfüllt, und er erhebt sich vom Boden.

So genügte es auch nicht, den Menschen unseres Landes zuzureden. Einsichten und Erkenntnisse zu vermitteln. Das alles brachte sie nicht vom Boden weg, brachte sie nicht von den paar Körnern kleiner privater Vergünstigungen weg. Ihr Herz und ihr Blick mussten empor, mussten eine neue Richtung gewiesen bekommen, hin zur Sonne der Gerechtigkeit, hin zu JESUS, dem Licht der Welt!

Wir werden immer wieder gefragt, warum die Erneuerung in Leipzig begann, warum es nicht auf der Straße, sondern in der Kirche begann. Ich habe dafür die Antwort hier gefunden; die Menschen hatten von sich aus nicht die Kraft, sie hatten zu lange resigniert am Boden gehockt, um sich selbst zu erheben. Es reichte allenfalls zur Flucht. Das ewige Licht, das Licht des Evangeliums musste erst ihre Herzen und Sinne erreichen, dass sie wieder innere Kraft bekamen, dass sie die hingeworfenen Körner kleiner Vergünstigungen erkannten als das, was sie waren: armselige Almosen. Und es erwuchs zu unser aller Erstaunen die Kraft.

Wir Christen, die Kirche, waren wohl selbst durch jahrzehntelange Negativ- und Vergeblichkeitserfahrungen zu ungläubig, um dem Wort, dem Evangelium, dem Licht diese Wirkung zuzutrauen. Wir müssen diesen unseren Kleinglauben öffentlich aussprechen. Aber wir haben es wenigstens nicht versteckt, das Wort GOTTES, das Evangelium Jesu, das Licht der Welt. Und sind nun selbst voller Erstaunen und Dankbarkeit, dass das Unmögliche geschah und geschieht und wir es erleben dürfen: Die auf den Herrn harren, kriegen neue Kraft, dass sie auffahren mit Flügeln wie Adler.

Wir werden auch in den kommenden Monaten und Jahren viel Kraft und Stärke brauchen, persönlich und gesellschaftlich. Es werden auch weiterhin Müdigkeit und Resignation, Angst und Gleichgültigkeit als Gefahren am Weg lauern. Dann wird es gut sein, sich auf die Quelle der Kraft immer wieder zu besinnen und nicht zu vergessen, was uns vom Boden der Resignation wieder auf die Beine brachte.

Andacht vor der konstituierenden Sitzung der neu gewählten Stadtverordnetenversammlung Leipzigs

30. Mai 1990, St. Nikolai

Liebe Gemeinde!

Noch vor einem Jahr waren wir der am besten beobachtete und bewachte öffentliche Raum Leipzigs. Was jedoch die Menschen keineswegs davon abhielt, diesen Raum der Kirche zu suchen und aufzusuchen. Für Bürger in politischer Verantwortung allerdings sah das anders aus. Womöglich war schon der Gedanke, die Absicht strafbar oder geradezu abwegig, sich in das Innere einer Kirche zu Andacht oder Gottesdienst zu begeben, es sei denn, in dienstlichem Auftrag. Und umgekehrt hatten wir offiziellen Vertreter der Kirche besonders dann wachsam zu sein, wenn die damaligen Vertreter von Partei- und Staatsapparat sich der Kirche erinnerten, um sich, wenn möglich, ihrer zu bedienen oder um Einzelne von uns durch Einladungen, Ehrungen und das Angebot kleiner Vorteile in unserer kritischen Stellvertreterfunktion zu neutralisieren. In dieser Situation wurde mir, besonders seit Anfang 1989, das Gotteswort an 2Mose 34,15, wichtig:

Hüte dich, einen Bund zu schließen mit den Bewohnern des Landes, damit sie, wenn sie ihren Göttern nachlaufen und ihnen opfern, dich nicht einladen und du von ihrem Opfer essest.

»Bewohner des Landes«: Das waren gegenüber den aus der Wüste Kommenden die Etablierten, die die Schlüsselposition, die die Macht in den Händen hielten. Die statt des lebendigen GOTTES selbst ernannte und selbst errichtete Götter verehrten bzw. sich diesen unterwarfen. Mir war schon dieses Wort des Alten Testaments eine Hilfe – und von JESUS und seiner Stellung in der Gesellschaft, seinem Eintreten für die Erniedrigten und Beleidigten her noch deutlicher und klarer zu erkennen: Wir gehören nicht an die Tische der Etablierten, der Einflussreichen, der Mächtigen. Wir unterwerfen uns nicht ihrer Ideologie, ihrer Weltanschauung, ihren Göttergrößen.

Nun liegt, wieder einmal in diesem Jahrhundert, eine Epoche hinter uns. Am 18. März und am 6. Mai 1990 sind zum ersten Mal seit Jahrzehnten Menschen unseres Landes in freier und geheimer Wahl in politische Verantwortung gewählt worden. *Sie* gehören zu diesen Menschen. *Sie* haben Mut bewiesen und verdienen Achtung, dass Sie in dieser Situation, die so auch noch nie da war, an die Arbeit gehen wollen. Ein Minister sagte für die nächste Zeit in unserem Land volle Läden und einen Wald von Gerüsten voraus. Ich sehe aber einen Wald von Problemen voraus, die von heute an in diesem und den kommenden Jahren bewältigt werden müssen. Wie es der Einzelne, wie Sie es auch sehen mögen: Vielleicht war die Größe der Aufgaben und Probleme, die vor Ihnen und uns allen stehen, der Grund dafür, dass Sie den Wunsch hatten, vor der konstituierenden Sitzung zu einer Andacht in der Nikolaikirche zusammenzukommen. Damit haben Sie auch an eine alte Leipziger Tradition angeknüpft. Wurde doch in vergangenen Jahrhunderten Jahr für Jahr der Ratswechsel in unserer Stadt- und Pfarrkirche St. Nikolai gehalten. Kein Geringerer als Johann Sebastian Bach schrieb dazu die Ratswahlkantaten. Ihr Wunsch vom vorigen Mittwoch traf uns allerdings so überraschend, dass es zu einer Ratswahlkantate 1990 nicht ganz gelangt hat.

Was sage ich Ihnen und uns für ein Wort an diesem Tag, das Sie mitnehmen können, das Sie begleiten kann in den Alltag Ihrer verantwortungsvollen Arbeit? Ich denke an das bekannte Wort aus dem Galaterbrief, Kapitel 6 Vers 2:

Einer trage des anderen Last, so werdet ihr das Gesetz CHRISTI erfüllen.

Wenn wir über dieses Wort nachdenken, bleiben unsere Gedanken gleich an dem zentralen Begriff »Last« hängen. Da wäre natürlich an die Last der Vergangenheit zu erinnern. Wir haben ja heute den 30. Mai, der für Leipzig ein merk- und denkwürdiger Tag ist. Heute vor 22 Jahren wurde wenige Meter von uns entfernt die intakte Universitätskirche gesprengt. Der Schriftsteller Erich Loest sagte dazu am 13. März dieses Jahres in der Nikolaikirche: »Von Bestrafung derer, die die Kirche zerstören ließen, kann nicht die Rede sein. Es wäre fern jeder praktischen Politik, auch für einen heute nicht vorstellbar gewandelten DDR-Staat, dies zu fordern oder auch nur zu wünschen. Das Wort Reue, ein christlicher Kernbegriff, gehört nicht ins Vokabular der Politiker, nicht einmal der christlichen. Die tragen Verantwortung. Und dann gehen sie in Pension. Es wäre schon viel, einer von denen, die damals den Daumen

47

senkten und eine Kirche dem Scharfrichter übergaben, fände darüber ein bedauerndes, ein bereuendes Wort. Das ist es, was ich zu erleben wünsche: ein bereuender Politiker. [...] Ich möchte, dort, wo die Paulinerkirche stand, würden die Stadtverordneten eine Gedenktafel anbringen, auf der unbeschönigt zu lesen wäre, was sich am 30. Mai 1968 hier ereignete. Ich möchte, dass es so bald geschähe, dass eine oder einer der Schuldigen die Einweihungsrede halten könnte.«

Neben der Last der Vergangenheit steht die Last der Gegenwart, die ebenfalls nicht verdrängt, sondern getragen werden muss. Wie aber soll das geschehen? Oft bleibt nur die eigene Art, Lasten zu tragen, Belastungen anzugehen. Da gibt es die vier Charakter-Grundtypen. Sie lassen sich mithilfe einer alten Legende skizzieren. Die Legende vom einsamen Wanderer auf schmalem Gebirgsweg, der sich plötzlich durch ein Hindernis in Gestalt eines großen Steines am Weiterkommen gehindert sieht. Was tut er?

1. Da gibt es denn *archaischen Typ*. Er krempelt die Ärmel hoch und geht das Hindernis direkt an. Er versucht mit großer Kraft und Willensanstrengung den Stein beiseite zu wälzen. Wäre das der Lösungsweg der Leipziger Probleme?

2. Aber da gibt es auch noch den *dynamischen Typ*. Er versucht es als Homo sapiens nicht nur mit brachialer Gewalt. Er versucht vielmehr mit Schwung und Leichtigkeit darüber hinwegzukommen, das Hindernis zu überwinden. Wäre das der bessere Lösungsweg?

3. Es gibt auch noch den *emotiven Typ*. Er sagt sich: Alleine wird das nichts! So sieht er sich denn um, ob nicht jemand in der Nähe ist, der helfen könnte. Das ist doch politikfähig und sieht nach Koalitionsfreudigkeit aus. Ob das der Lösungsweg für Leipzig ist?

4. Wir wollen aber der Vollständigkeit halber den *kontemplativen Typ* nicht unterschlagen. Er kommt zugegebenermaßen am seltensten in unserem 20. Jahrhundert vor. Der setzt sich angesichts des Hindernisses erst einmal hin und tut zunächst – gar nichts! Das heißt, er denkt darüber nach, was es wohl zu bedeuten habe, dass dieser Stein ausgerechnet hier liegt und *jetzt* hier liegt, und wie er wohl vorgeschichtlich überhaupt entstanden sein könnte. Ob so der Lösungsweg aussieht?

Vier verschiedene Charaktermöglichkeiten, in unzähligen Varianten und Kombinationen vorhanden. Sie sagen allerdings nichts über den Erfolg aus, sondern beschreiben nur die Art und Weise, Probleme anzugehen, mit Lasten umzugehen.

JESUS gibt zu den eigenen, im Charakter angelegten Möglichkeiten eine neue hinzu. Paulus hat sie erkannt und sie das »Gesetz CHRISTI« genannt: *Einer trage des anderen Last ...* Dieses JESUS-Gesetz hilft zum Leben. Denn wer es befolgt, macht die verblüffende Erfahrung: Die Last des anderen kann man wesentlich besser ertragen als die eigene! JESUS hat das gewusst. Darum weist ER uns gegenseitig aneinander.

Ich denke, das ist beachtenswert. So leben Menschen nach dem Gesetz CHRISTI leichter, erleichterter, getrösteter. So werden Lasten erträglich und ertragbar. So werden Probleme lösbar.

Einer trage des anderen Last, so werdet ihr das Gesetz CHRISTI erfüllen.

Wir haben allen Grund, GOTT für dieses Gesetz CHRISTI zu danken.

Amen.

Ansprache zur Verleihung des Augsburger Friedenspreises zusammen mit M. S. Gorbatschow

5. Oktober 2005, Rathaus Augsburg, Goldener Saal

Sehr geehrte Damen und Herren!

Wer unsere Stadt- und Pfarrkirche St. Nikolai sieht, bemerkt sofort, dass der mittlere ihrer drei Türme architektonisch völlig aus dem Rahmen fällt. Er ist neu errichtet worden, höher, prächtiger, ganz oben mit einem goldenen Stern versehen: Genau 1730, zum 200. Gedenken an die bleibende Bedeutung der Confessio Augustana von 1530.

Der Blick für das Wesentliche und der Mut zu ungewöhnlicher Umsetzung waren und sind Kennzeichen Leipzigs und seiner Stadt- und Pfarrkirche St. Nikolai. Übrigens schon von Anfang an.

Mit der Verleihung des Stadtrechtes 1165 wurde sie als unabhängige Stadtkirche geplant und gebaut: Keine Klosterkirche also, keine Kathedrale für einen Bischof, keine Hofkirche für einen Fürsten, sondern eine Kirche für die Bevölkerung der Stadt. Man gab ihr den Namen des Schutzpatrons der Reisenden und Kaufleute »St. Nikolai«. Der Name ist übersetzbar. Νίκος heißt »Sieger«, λάος heißt »Volk«. Νίκο λάος, Nikolaus, Nikolai heißt »Sieger ist das Volk«. Sie sehen, dass den Leipzigern schon immer ein gewisser Weitblick zu eigen war.

Wer in Augsburg öffentlich spricht, so wie es heute anlässlich des Augsburger Friedenspreises 2005 geschieht, muss den historischen und inhaltlichen Kontext dieser Stadt vor Augen haben. Erst recht im Oktober, dem Monat der Reformation und der Revolutionen.

Vom Oktober 1518, als Luther hier durch Kardinal Cajetan vergebens zur Räson und zum Widerruf genötigt wurde, über die Verlesung und Vorlage der Confessio Augustana 1530, den Augsburger Religionsfrieden von 1555, das 1. Augsburger Friedensfest am 8. August 1650 bis hin zum 31. Oktober 1999 reicht der Bogen, als hier durch die Vertreter der Römisch-Katholischen Kirche und der Lutherischen Kirchen die gemeinsame Erklärung zur Rechtfertigungslehre unterzeichnet wurde, womit sie dem Willen JESU nach Einheit SEINER Jüngerinnen und Jünger in aller Welt einen nicht unwesentlichen Schritt nähergekommen sind.

Wer den Augsburger Friedenspreis erhält, erfährt eine hohe Ehrung. Für mich ist diese Ehrung nicht unproblematisch. Michail Gorbatschow, spätestens seit 1985 die maßgebliche Persönlichkeit der internationalen Politik, der Laudator Hans-Dietrich Genscher, als Außenminister auch im geteilten Deutschland ein in beiden Teilen des Landes anerkannter und hochgeachteter Politiker – passe ich als Gemeindepfarrer an der Basis in dieses Ensemble? Und wenn ich an den 9. Oktober 1989 in Leipzig denke, das Kerndatum der Friedlichen Revolution, als die chinesische Lösung drohte und alles auf des Messers Schneide stand, an die 6 000 Menschen in den Kirchen, die sich dann mit den draußen Wartenden zur Demonstration der 70 000 vereinigten und erlebten, was es heißt, das GOTTESwort (Sach 4,6): *Es soll nicht durch Heer oder Kraft, sondern durch MEINEN GEIST geschehen* – und stehe nun als Einzelner hier.

So stehe ich als Einzelner hier ausdrücklich für das Volk der Demonstranten, die nie einen Preis oder eine Ehrung erfahren. Sagen wir, aus Platzgründen stehe ich allein für sie hier.

- Danken möchte ich den Frauen und Männern des Kirchenvorstandes der Nikolaikirche, die im Blick auf JESUS die nötigen Entscheidungen wagten. Stellvertretend für sie ist Siegfried Grötsch mit seiner Frau hier anwesend.
- Danken möchte ich vor allem meiner Frau und unseren Kindern, die in dieser Tag-und-Nacht-Angst immer zu mir standen und bei mir waren, meiner Frau, die auch heute mit mir ist!
- Und danken möchte ich GOTT, DER mir mitten in der Angst immer wieder auf die Beine half, DER dafür sorgte, dass mein Glaube immer ein Stück größer war als meine Angst, und mir in ernsten Situationen eine Portion Humor gab, der erstaunlich befreiende Wirkung hatte.

So wurde in den Jahren 1980–89 dieses Wort aus dem Hebräerbrief für mich bestimmend: *Wir aber gehören nicht zu denen, die zurückweichen und verloren gehen, sondern zu denen, die glauben und das Leben gewinnen.* (Hebr 10,39)

Wer als Christ in der DDR glaubhaft leben wollte, geriet gewissermaßen automatisch in Auseinandersetzungen und Konflikte mit dem atheistischen Staat und seinem weltanschaulichen Totalitätsanspruch. Es ist der schon im

Neuen Testament genannte *Kampf, der uns bestimmt/verordnet ist* (Hebr 12,2). Den wir uns nicht ausgesucht, erst recht nicht herbeigewünscht haben. Von vielen Christen wurde diese Situation negativ und entwürdigend empfunden. Schlimme Auswüchse von ungerechter Behandlung, Benachteiligungen, psychischem Druck bis hin zu Verhaftungen waren für die jeweils Betroffenen schwer zu verkraften. Dennoch erkannte ich mit der Zeit immer deutlicher, dass diese Zeit in Wirklichkeit eine Zeit der Verheißung und des Aufbruchs war. Der gedankenlose Automatismus der Volkskirche zur Kaiserzeit, da beinahe alle getauft und konfirmiert wurden und die Familien jeden Sonntag mindestens ein Mitglied zum Gottesdienst abzuordnen hatten, was imposante Zahlen hervorbrachte, wurde mit dem entsprechenden Druck vom sozialistischen Staat übernommen: alle in die Pioniere, alle zur Jugendweihe, alle in die FDJ, alle zur Wahl, alle zu den staatlich verordneten Demonstrationen – was ebenfalls imposante Zahlen hervorbrachte und gleichzeitig blind für den wahren Zustand der Gesellschaft machte.

Der Kirche hingegen waren Macht und Privilegien weitgehend genommen, sie hatte die Freiheit einer sich nur an JESUS orientierenden, von staatlichem Wohlwollen unabhängigen Kirche gewonnen. Allerdings ohne es zu wollen und ohne es zu verstehen.

Noch im Vorfeld des 17. Juni 1953, als die Kirche vom Staat angegriffen, die Jungen Gemeinden als CIA-gesteuerte Agentenzentralen diffamiert und Studentenpfarrer verhaftet wurden, bemühten sich Vertreter der Kirche bei diesem selben Staat um Religionsunterricht an den Schulen und Kirchensteuereinzug durch den Staat! Man konnte sich Kirche ohne die Krücken staatlicher Privilegien einfach nicht vorstellen. Der DDR-Staat sagte Nein.

Eine Reformation neuen Typus nahm ihren Anfang. Da die Kirche selbst nicht mehr die innere Kraft zur Erneuerung hatte, ging GOTT einen neuen Weg mit ihr. Von außen, über den atheistischen Staat, schreckte sie GOTT aus dem Schlaf der Sicherheit und rüttelte und schüttelte den Weinberg des HERRN durch und durch, dass die faulen Früchte und toten Äste nur so herunterprasselten. Die imposanten Zahlen nahmen rapide ab. Dran und drin blieb nur, wer wirklich mit JESUS verbunden war. Wir mussten neu buchstabieren, was es heißt, wenn JESUS sagt: *ICH bin der Weinstock, ihr seid die Reben. Wer in MIR bleibt und ICH in ihm, der bringt viel Frucht; denn ohne MICH könnt ihr nichts tun. Wer nicht in MIR bleibt, der wird weggeworfen wie solche Reben, die man sammelt und ins Feuer wirft [...]* (Joh 15,5.6)

So half der atheistische Weltanschauungsstaat, ebenfalls ohne es zu wollen und ohne es zu verstehen, der Kirche wieder zur Besinnung und Konzentration darauf, wovon Kirche allein lebte und lebt: vom gekreuzigten und auferstandenen JESUS CHRISTUS.

So führte das 40-jährige Trainingslager DDR zur Reformation neuen Typus, gewöhnungsbedürftig, wie alles wirklich Neue, in hohem Maß!

Und so sehen praktische Früchte dieser neuen Reformation aus:

Schon 1981 gelang in der Nikolaikirche der Versuch, der gerade in Ost und West entstandenen Protestbewegung gegen die Stationierung der Mittelstreckenraketen, der »Friedensdekade«, in Leipzig Raum und Gehör zu verschaffen.

In einer 22-Uhr-Andacht mit etwa 120 Jugendlichen im Altarraum der Kirche, unter ihnen ein großer Anteil Nichtchristen, kam bei der Kerzenmeditation alles aus den Jugendlichen heraus, was quälte und wütend machte. Eine ungeheuer befreiende Wirkung breitete sich aus. Kirche als Freiraum, geistig und quadratmetermäßig, in einer Gesellschaft, die alles vorschreibt und kontrolliert: Das ist es!

Wenn wir die Kirche öffnen für alle, die draußen zum Verstummen gebracht, die diffamiert oder gar inhaftiert werden, dann kann niemand mehr auf den Gedanken kommen, die Kirche sei eine Art religiöses Museum oder ein Tempel für Kunst-Ästheten. Sondern dann ist JESUS real präsent in der Kirche, weil wir zu tun versuchen, was JESUS tat, und was ER will, dass wir's heute tun. Das ist die Geburtsstunde der *Offenen Stadtkirche* auch für die Protest- und Randgruppen der Gesellschaft.

Keine Konzeption, am Schreibtisch entwickelt. Sondern entstanden mit den Menschen, die die Kirche aufsuchten. Die Kirchentüren auf! Die geöffneten Türflügel einer Kirche sind wie die ausgebreiteten Arme JESU: *Kommt her zu MIR, alle, die ihr mühselig und beladen seid, ICH will euch erquicken!* Und sie kamen und kommen! Die Schwelle ist niedrig sowohl für Rollstuhlfahrer als auch für Atheisten.

1982 spitzte sich die Lage im sozialistischen Lager zu. Die Friedensdekaden in der DDR, Solidarność in Polen und

Charta 77 in der Tschechoslowakei standen für widerständisches Denken und Handeln, während die Hochrüstung auf beiden Seiten der innerdeutschen Grenze unerhört forciert wurde. In dieser Situation forderte eine Junge-Gemeinde-Gruppe, die Friedensgebete ebenfalls zu forcieren, statt an nur zehn Tagen im Jahr wöchentliche Friedensgebete durchzuführen. Die Frauen und Männer des Kirchenvorstandes der Nikolaikirche stimmten zu. So gibt es ab September 1982 Woche für Woche montags 17 Uhr das Friedensgebet in der Nikolaikirche.

Ohne dass einer ahnte, was daraus einmal werden würde, waren in aller Stille drei entscheidende Wurzeln für die Friedliche Revolution gewachsen: Friedensdekade, »Nikolaikirche offen für alle«, wöchentliche Friedensgebete ohne Unterbrechung, immer an derselben Stelle, im Herzen der Großstadt!

Zum Symbol und ständigen Motto der Friedensgebete wurde das Bibelwort *Schwerter zu Pflugscharen*. 700 Jahre vor CHRISTUS formulierten die Propheten Jesaja und Micha diese Vision: Die Völker und Heiden *werden hingehen […] zum Haus GOTTES, dass ER sie lehre und zurechtweise. Dann werden sie ihre Schwerter zu Pflugscharen und ihre Spieße zu Sicheln machen […] Und sie werden hinfort nicht mehr lernen, Krieg zu führen.*

Endlich also Schluss mit der Lüge, dass jeder Krieg dem Frieden dient und wie ehrenvoll es ist, fürs Vaterland zu sterben. Denn Frieden kommt nicht mit Gewalt. *Schwerter zu Pflugscharen*, so wird er werden. Eine besondere Brisanz erhielt dieses Prophetenwort dadurch, dass die Sowjetunion, die bekannterweise ein atheistischer Staat war,

dieses Bibelwort durch ihren berühmten Bildhauer Jew-
genij Wutschetitsch gestalten ließ und als Skulptur der
UNO schenkte. So steht sie in der Tretjakowgalerie und im
Schatten des UNO-Gebäudes am East River in New York.
Und wurde als Lesezeichen zur Friedensdekade in der
DDR verteilt. Die Jugendlichen sprach das so an, dass sie
es ausschnitten und auf ihre Jacken und Schultaschen
klebten. Staatliche Reaktion: DDR-weit machten Polizisten Jagd auf dieses Zeichen. Gleichzeitig war genau diese
Skulptur in dem Buch abgebildet, das die Jugendlichen
zur Jugendweihe bekamen. Während es draußen die Poli-
zisten abrissen, wurde es drinnen durch die Direktorin-
nen und Direktoren feierlich zur Jugendweihe überreicht.
Da ging schon einiges durcheinander. Doch einen großen
Vorteil hatte diese Aktion. Mit einem Schlag hatten alle
Polizisten in der DDR bis hin zu ihren Generälen ein Bibelwort gelernt: *Schwerter zu Pflugscharen.*

Während Honecker und sein Zentralkomitee unbelehr-
bar »die mit Hingabe betriebene Abschaffung der Wirklichkeit« praktizierten, wuchs eine Protestmasse ganz anderer Art heran: die Ausreisewilligen. 1987 bekam ich
intensiv mit ihnen zu tun. Auf ihr Drängen hin gründete
ich einen Gesprächskreis »Hoffnung für Ausreisewillige«.

Damit geriet die Nikolaikirche immer stärker ins Visier
staatlicher Observierung und strategischer Aufmerksamkeit.

Als im Januar 1988 auf der staatlich verordneten Ge-
denkdemonstration für Liebknecht und Luxemburg in
Berlin die Träger des selbstgefertigten Plakates mit dem
Rosa-Luxemburg-Wort von der »Freiheit der Andersden-

kenden« verhaftet wurden, kamen knapp 100 Jugendliche zur Nikolaikirche und forderten tägliche Fürbittandachten für die Berliner Verhafteten. Mit ihrer Zustimmung gingen die Frauen und Männer des Kirchenvorstandes ein hohes Risiko ein. Waren die Friedensdekaden mit 200 bis 300 Teilnehmenden immer gut besucht, so kamen zu den wöchentlichen Friedensgebeten nur etwa 10 bis 15 Personen. Das änderte sich jetzt schlagartig. Knapp 100 waren es nun montags bis donnerstags bei den Fürbittandachten für die Berliner Inhaftierten. Auch die Ausreisewilligen nutzten zunehmend diese Gelegenheit zum täglichen Treffen und lieferten sich z. T. öffentliche Auseinandersetzungen mit den Basisgruppenvertretern in der Kirche. Daraufhin lud ich etwa 50 Ausreisewillige extra zu einem Gesprächsabend »Leben und Bleiben in der DDR« in die Nikolaikirche ein. Dieser 19. Februar 1988 hatte ungeahnte Folgen. Statt der 50 kamen 600. Sie erlebten den Abend so positiv, dass sie am Ende fragten, ob auch sie zu den Friedensgebeten willkommen seien, auch wenn sie Nichtchristen sind. Keine Frage: »Nikolaikirche – offen für alle« gilt auch für sie! Und so kamen von nun an, vom Montag darauf, hunderte Menschen zum Friedensgebet. Das war einmalig in der DDR: eine spannungsgeladene »Notgemeinschaft« von Basisgruppenvertretern und Ausreisewilligen in dieser Größenordnung unter einem Kirchendach! Es war zugleich die vierte entscheidende Wurzel für den 9. Oktober. Die ungeteilte staatliche Aufmerksamkeit war der Nikolaikirche nun endgültig sicher!

In der Kirche spielte die Bergpredigt von JESUS als Alternative zu allem Bestehenden mit ihrer radikalen Ablehnung der Gewalt eine besondere Rolle. Und so hörten sie alle, auch die Masse der Nichtchristen, das Evangelium von JESUS, DEN sie nicht kannten, in einer Kirche, mit der sie bis dahin nichts anfangen konnten, sie hörten von JESUS,

DER sagte: »Selig die Armen!« Und nicht: Wer Geld hat, ist glücklich.

DER sagte: »Liebe deine Feinde!« Und nicht: Nieder mit dem Gegner.

DER sagte: »Erste werden Letzte sein!« Und nicht: Es bleibt alles beim Alten.

DER sagte: »Wer sein Leben einsetzt und verliert, der wird es gewinnen!« Und nicht: Seid schön vorsichtig.

DER sagte: »Ihr seid das Salz!« Und nicht: Ihr seid die Creme.

So kam der 9. Oktober heran, der Tag der Entscheidung. Die überraschende und wunderbare Frucht der jahrelangen, ununterbrochenen Friedensgebete und der Aufnahme von Protest- und Randgruppen der Gesellschaft in der Nikolaikirche war herangereift! An diesem Tag wurde die Nikolaikirche im Verbund mit den anderen Innenstadtkirchen zum Ausgangspunkt der Demonstration der 70 000 und damit zum Kernpunkt der Friedlichen Revolution überhaupt.

»Keine Gewalt!« und »Wir sind das Volk!« signalisierten eine Wirklichkeit, die neue Maßstäbe setzte, von denen die Staatsmacht total überrascht wurde. »Wir hatten alles geplant, wir waren auf alles vorbereitet, nur nicht auf Kerzen und Gebete.« Nach so viel atheistischer Propaganda und Erziehung (»Euern JESUS hat's nie gegeben, euer Gefasel von Gewaltlosigkeit ist gefährlicher Idealismus, denn in der Politik zählen Geld, Armee, Wirtschaft, Medien, alles andere kannst du vergessen ...«) in zwei unterschiedlichen Weltanschauungsdiktaturen, nach Rassenhass zuvor und Klassenkampf danach, nach so viel unwürdiger Anpassung nun »Wir sind das Volk!« und »Keine Gewalt!«, die kürzeste Zusammenfassung der Bergpredigt von JESUS. Aus dem Volk geboren und nicht nur gerufen, sondern konsequent praktiziert: ein ungeheurer Vorgang, ein Wunder biblischen Ausmaßes! Wann wäre uns je eine Revolution gelungen? Und beim ersten Mal gleich das Größte, ohne Blutvergießen. Einheit Deutschlands dieses Mal ohne Krieg und Sieg und Demütigung anderer Menschen und Völker.

Dass GOTT SEINE schützende Hand über uns alle – Christen wie Nichtchristen, Basisgruppenleute und Polizisten, Regimekritiker und Genossen, Ausreisewillige und Stasileute, die in den Panzern und die auf der Straße – gehalten hat und uns diese Friedliche Revolution gelingen ließ nach so viel brutaler Gewalt, die in diesem 20. Jahrhundert von Deutschland ausging, besonders an dem Volk, aus dem JESUS geboren wurde, das kann ich nur mit dem Wort Gnade bezeichnen: Gnade an dieser Kirche, an dieser Stadt, an diesem ganzen Deutschland.

Dieser beispiellose Vorgang in unserer Geschichte verdient es, erinnert und lebendig erhalten zu werden. Der 9. Oktober als Tag der Gewaltlosigkeit und des Volkes eignet sich in hervorragender Weise zu deutschlandweitem Gedenken.

Kirche mitten in einer »Reformation neuen Typus«, die ungewöhnliche und unerwartete Früchte trägt? Beginnen wir zu verstehen, dass Kirche sich wie JESUS zu verhalten hat, offen und erreichbar für alle zu sein, für andere da zu sein, sich einzumischen und zu verweigern hat?

Oder sind wir gleich nach 1989 sowohl politisch als auch kirchlich in die bewährten, wie geölt funktionierenden Strukturen der alten BRD und EKD zurückgefallen, ohne auch nur das Minimum einer gesamtdeutschen und gesamtkirchlichen Erneuerung zu wollen, geschweige denn zu gestalten?

Wer von euch, sagt JESUS, *der 100 Schafe hat und eines von ihnen verliert, lässt nicht die 99 [...] und geht dem verlorenen nach, bis er's findet?* (Lk 15,4) War es nicht inzwischen irgendwie völlig anders geworden? Sind nicht infolge der jahrhundertelangen babylonischen Gefangenschaft der Kirche durch Thron und Altar 99 verloren gegangen, und wir hätscheln und streicheln durch unsere Betreuungsstrukturen das eine Schäfchen, das »noch« zur Kirche gehört? Haben wir es womöglich trotz der Erfahrungen von 1980–1989 immer noch nicht mitbekommen oder seit 1990 wieder erfolgreich verdrängt, dass die Thron-und-Altar-Zeit und die Ära danach vorbei sind und das jesuanische Zeitalter angebrochen ist, in dem Straße und Altar zusammengehören?

Schon Dietrich Bonhoeffer, den die Nazis noch 1945 ermordeten, hat dieses Zeitalter vorausgesehen, indem er den Theologen die Frage »Wie reden wir religionslos von GOTT?« vorlegte und die »nichtreligiöse Interpretation biblischer Begriffe« als Aufgabe sah. Der uns Christen die »billige Gnade« austrieb und so zu eigenverantwortlichem Handeln aufforderte, »etsi deus non daretur«, als ob es

GOTT nicht gäbe. Der den Willen JESU in den Satz fasste: »Kirche ist nur Kirche, wenn sie für andere da ist.« Ja, die »Reformation neuen Typus« bewusst wollen, wagen und verstehen. Es wird Zeit für die »Ökumene mit den Atheisten«.

Der Anschluss an das Bestehende in allen Bereichen, politisch wie kirchlich gleichermaßen ab 1990, beendete nach kurzer, anfänglicher Euphorie die neue, unerwartete, erstaunliche, für die Gesamtheit der Gesellschaft wichtig gewordene Rolle der Kirche einerseits und die durch die Friedliche Revolution erwachte Mündigkeit und Verantwortungslust der Bürgerinnen und Bürger andererseits ziemlich abrupt.

Die »Reformation neuen Typus« und die »Revolution neuen Typus« gerieten in Ost und West weitgehend in die Hände derer, die weder die eine noch die andere durchlitten, durchlebt und gestaltet hatten. Unter den unerhörten Schwierigkeiten und Anstrengungen der praktischen Gestaltung der deutschen Einheit und der strukturellen Anpassung und Angleichung innerhalb der EKD blieb das wunderbare Gefühl vom Herbst 1989 der inneren Nähe und Verbundenheit zwischen Ost und West auf der Strecke. Wie von selbst glitt die Evangelische Kirche in Deutschland in innerkirchliche Selbstbeschäftigung mit ihren allgegenwärtigen Strukturdebatten ab, und das geeinte Deutschland versackte in innerdeutscher Befindlichkeitspflege. Bei gleichgebliebenem Landesnamen und gleichgebliebener Hymne schimmern dazu die alten Unterschiede deutlich durch in der Gehaltsfrage und in der Prozentualität der Arbeitslosigkeit. Im Jahr 2005 wird nur noch verbal Besserung, Ruck und Aufbruch angesagt. Das Wort des Dr. Faustus »Die Botschaft hör ich wohl, allein mir fehlt der Glaube« trifft hier den Nagel gleich mehrfach auf den Kopf!

Jawohl, es fehlt der Glaube!

Im Chor der durch den langen Wohlstand seelisch Ausgezehrten, Reichen, Gelangweilten, im Chor der durch Arbeitslosigkeit Erbosten, Gedemütigten, Frustrierten ist das Gemeinwohl aus dem Blick geraten. Das Denken wird weitgehend von dem Motto bestimmt: Privat geht vor Katastrophe. Und manchmal fällt beides zusammen.

Es fehlt der Glaube an verlässliche Werte und wirkliche Veränderungen.

Es fehlt der Glaube an die Zukunft.

Es fehlt der Glaube an die Kraft und die Möglichkeiten, die GOTT schenkt.

Dabei sind die Bedingungen in unserem Land, objektiv gesehen, besser als ihr Ruf und sehr viel besser als in den meisten Ländern dieser Erde. Es fehlt allein der Glaube. Und damit fehlt wohl das Entscheidende.

Wer ist eigentlich zuständig für den Glauben in einem Land? Das müsste doch, das könnte doch, nein, das ist tatsächlich die Kirche!

JESUS hat sich sowohl den konkreten Nöten dieser Welt entgegengestellt – Kranke geheilt, in Menschen Glauben entfacht und sie wieder auf die Beine gebracht, Schuldige entfesselt, Erniedrigten und Beleidigten ihre Würde vor Menschen und GOTT zurückgegeben – als auch eine unermessliche Hoffnung in die Welt gebracht: *Siehe, ICH mache alles neu!* (Offb 21,5) Darum darf die Kirche nicht bei sich selber bleiben, darf nicht bei den interkonfessionellen Gesprächen, auch nicht beim interreligiösen Dialog stehen bleiben, sondern ist der gesamten Gesellschaft und der ganzen Welt das Evangelium und die Hoffnung schuldig, die JESUS ihr anvertraut hat. Das drücke ich provokativ als »Ökumene mit den Atheisten« aus, Verantwortung auch für die Nichtreligiösen, Nichtglaubenden, eben für die anderen alle auch wahrzunehmen.

Anfang der 90er Jahre, als die Umfragemanie auch uns erreichte, wurden die Menschen auf dem Leipziger Hauptbahnhof befragt, ob sie sich eher als christlich oder eher als atheistisch bezeichnen würden. Die meisten antworteten. »Nö, eher normal.« Die also auch.

Nach all den Appellen, Aufrufen, Umfrageergebnissen, Wachstumsprognosen, Talkshows und Promirunden bleibt die entscheidende Frage, wie wieder Glaube und Hoffnung und damit Festigkeit und Dynamik in die Menschen kommen, damit die ganze Gesellschaft wieder auf die Beine kommt! Diese Frage muss zuerst einmal in ihrer grundsätzlichen Bedeutung für das Leben des Einzelnen wie auch der ganzen Gesellschaft erkannt werden, ehe man weiter nur mit atemloser Betriebsamkeit an den Symptomen herumwerkelt. Die berühmte Frage der Masse zu Pfingsten an die Apostel also, die 1900 Jahre später Lenin aufgriff: »Was sollen wir tun?« – Versuch einer ersten Antwort:

1. Die Kirchen müssen offen sein, offen für alle! Im direkten wie im übertragenen Sinn.

JESUS hat sich nie im Tempel versteckt, sondern war immer dort, wo sich die Menschen mit ihrem Leben abquälten: in den Häusern, auf den Straßen und Plätzen. SEINE berühmteste Predigt hat ER auf einem Berg gehalten. ER hat nie nach Konfessionszugehörigkeit und Kirchensteuer gefragt. ER war mitten unter den Menschen und ihren Problemen, war zum Anfassen nahe und auch angreifbar. So dürfen auch wir uns nicht hinter dicken Kirchenmauern verstecken. In Abwandlung wieder eines Bonhoeffer-Wortes könnte es heute heißen: »Nur wer für die Arbeitslosen schreit, darf auch Gregorianik singen.« Zum Anfassen nahe und angreifbar sein.

2. Wir müssen die JESUS-Mentalität des Teilens als Lebensqualität entdecken. Verzicht als Gewinn.

Wer blindlings alles tut, was ihm in den Kopf kommt, kommt nicht weit.

Wer alles mitnimmt, was er kriegen kann, wird immer gieriger und unruhiger.

Wer nur noch an sich und nicht mehr an den anderen denkt, wird freudlos und fremd.

Verzicht um eines Zieles oder Menschen willen hingegen kostet zwar Anstrengung, gibt dafür aber das befreiende Gefühl, dass wir leben und entscheiden und nicht gelebt werden und fremdbestimmt sind.

Der Mensch braucht zum Leben Widerstand, Anstrengung und Verzicht um eines Zieles willen, um nicht in Gleichgültigkeit und Resignation zu versinken. Entdecken wir die JESUS-Mentalität des Teilens als unbekannte Lebensqualität neu! Arbeit und Einkommen teilen z. B., damit wir miteinander in Würde leben können! Und die Kirche glaubwürdig und modellhaft voran!

Der Satz »Geiz ist geil« hat unserem Land mehr Schaden zugefügt, als bekannt geworden ist. Das Motto der Zukunft heißt: »Teilen ist cool!«

3. »Wir haben keine Zeit mehr, GOTT zu verschweigen.«
Diese Feststellung von Fulbert Steffensky Ende der 60er Jahre bedarf immer dringender der Umsetzung.

In den Sprüchen des Alten Testaments heißt es: *Wo keine Offenbarung, keine Vision ist, wird das Volk wild und wüst* (Spr 29,18a).

Der Sozialismus hatte eine Vision: den Kommunismus, die Vision von der klassenlosen Gesellschaft. Sie stand dem Christentum nahe, war sie doch sozusagen der säkulare Ableger der Reich-GOTTES-Verkündigung JESU. Die Kommunismus-Vision hatte zwei alles entscheidende Grundirrtümer: im Menschenbild und in der GOTTES-Frage.

Am 7. Oktober 1979, dem 30. Jahrestag der DDR, es war ein Sonntag, habe ich zu diesem Anlass selbst einen Predigttext ausgewählt, Jes 7,9: *Glaubt ihr nicht, so bleibt ihr nicht.*

Zehn Jahre später, fast auf den Tag genau, wurde es Realität. Sie glaubten nicht. Sie blieben nicht.

Was für eine Vision bzw. Chance hat die Demokratie im Schlepptau der kapitalistischen Marktwirtschaft? Seit der Sozialismus als der einzige Konkurrent weggefallen ist, hat Letztere die Maske fallen lassen und an Anstand, Maß und Ethik in erschreckender Weise verloren. Mit Geld kann man bekanntlich sehr viel machen und erreichen. Nur eines gibt das Geld nicht her: als GOTTES-Ersatz zu fungieren. Gerade dazu aber wurde es in allen Zeiten immer wieder gemacht! Der Tanz ums Goldene Kalb, um Geld und Macht, durchzieht als Blutspur von Kriegen, die im schlimmsten Fall noch als Religionskriege getarnt werden, die Geschichte der Menschheit bis heute. Darum hat JESUS ein für allemal klargestellt: *Niemand kann zwei Herren dienen [...] Ihr könnt nicht GOTT dienen und dem Mammon.* (Mt 6,24)

Wenn der einzelne Mensch kein Ziel, keine Vision, keine Hoffnung mehr hat über den nächsten Urlaub, Einkauf oder Aktienkurs hinaus, beginnt er abzusterben.

Wenn eine ganze Gesellschaft praktisch kein Ziel, keine Vision, keine Hoffnung mehr hat über Wirtschaftswachstum, Steigerung der Kaufkraft und Profitmaximierung hinaus, beginnt sie abzusterben.

Glaubt ihr nicht, so bleibt ihr nicht. *sehr zentral*

Das alles entscheidende Kriterium auch für die real existierende Demokratie ist das Menschenbild und die GOTTES-Frage. Daran wird sich auch das Schicksal der heutigen Welt entscheiden. Darum, darum haben wir keine Zeit mehr, GOTT zu verschweigen.

Also:

* Wir Christen als aufgeschlagene Bibel, die die Menschen von heute lesen und verstehen können, wir, die trotz eigener Schuld und Sünde die vergebende und stärkende Liebe GOTTES bezeugen, DER will, *dass allen Menschen geholfen wird und sie zur Erkenntnis der Wahrheit kommen.* (1Tim 2,4)
* Die offenen Kirchen (mit Taufe und Abendmahl) als Einladung unseres gekreuzigten und auferstandenen

HERRN JESUS CHRISTUS zum REICH GOTTES, DAS mit IHM schon begonnen hat und unserem Leben und unserer Welt das große Ziel und den unzerstörbaren Sinn gibt, die wir uns nicht selbst geben können.

• *Siehe, ICH mache alles neu.* Unter dieser Verheißung JESU lässt es sich entkrampft leben, arbeiten, kämpfen und glauben, lässt sich der *Frieden GOTTES* finden, *der höher ist als alle Vernunft* (Phil 4,7) und tiefer reicht als jede Angst.

Post scriptum:

Müsste es nicht noch zwei Skulpturen »Schwerter zu Pflugscharen« geben: eine für Augsburg und eine für Leipzig? Vielleicht könnte uns Michail Gorbatschow dabei behilflich sein?

(.Messias)

Michail S. Gorbatschow zum 75. Geburtstag

2006

Mit den im März Geborenen fühle ich mich besonders verbunden, da ich selbst im März Geburtstag habe, am 5., zusammen mit Rosa Luxemburg.

Im christlichen Kalendarium hat jeder Tag eine Losung aus dem Alten und Neuen Testament. Am 2. März 2006, dem 75. Geburtstag Michail Sergejewitsch Gorbatschows, lautet sie:

Den HERRN fürchten heißt das Böse hassen. (Spr 8,13)

Seht zu, dass keiner dem anderen Böses mit Bösem vergelte, sondern jagt allezeit dem Guten nach untereinander und gegen jedermann. (1 Thess 5,15)

Als sich von 1985 an unter den in Politik und Wirtschaft gängigen englischen Begriffen die russischen Worte »Glasnost« und »Perestroika« international etablierten, horchte die Weltöffentlichkeit auf.

Als in der DDR das sowjetische Druckerzeugnis »Sputnik« verboten wurde, geriet die ideologische Fassade der DDR ins Wanken.

Als schließlich das Wort gesagt war »Wer zu spät kommt, den bestraft das Leben«, so die deutsche Fassung, wurde das in der DDR zum geflügelten Wort, das die Politik des ZK der SED unter der Führung seines Generalsekretärs Honecker unmissverständlich kennzeichnete.

All dies ist untrennbar verbunden mit einer ungewöhnlichen Persönlichkeit, mit Michail S. Gorbatschow. Dass sich Kirche mit einem sowjetischen Generalsekretär befasst, ist mehr als unwahrscheinlich. Auch hier bildet Michail S. Gorbatschow eine ungewöhnliche Ausnahme. Ein Ereignis ist mir in lebendiger Erinnerung geblieben: Unter dem Thema »Gerechtigkeit, Frieden, Bewahrung der Schöpfung« haben wir 1988 in einem Ort südlich von Leipzig, der durch Industrieabgase besonders gefährdet war, einen »Umwelttag« mit einem Schweigemarsch und Podiumsdiskussionen durchgeführt. Einer unserer bekannten Theologen nahm in der Diskussion einen scheinbar sehr weit hergeholten Vergleich vor: Als 587 v. Chr. durch die Heere Nebukadnezars Jerusalem erobert, der Tempel zerstört, die judäische Oberschicht und die arbeitsfähige Bevölkerung nach Babylon deportiert wurden, war es mit der Eigenstaatlichkeit des Landes aus.

Würde man jemals die Heimat wiedersehen?

Würde das Land jemals wieder frei werden?

Hatte GOTT SEIN Volk verlassen – oder war auch ER durch die Siegermacht und ihre Religion besiegt worden?

Verzweiflung und Hoffnungslosigkeit erfasste die Restbevölkerung im zerstörten und besetzten Land und die Deportierten in der Ferne jahrzehntelang. Bis ein Prophet unter ihnen aufstand, Deuterojesaja, und mit einer atemberaubenden wie unerhörten Vision die Menschen aus Lethargie und Perspektivlosigkeit herausriss. Er lenkte die Blicke auf den persischen König Cyrus und wagte unter den Deportierten eine politisch äußerst gefährliche Predigt: GOTTES Wort für Cyrus: *MEIN Hirte! Er soll all MEINEN Willen vollenden und sagen zu Jerusalem: Werde wieder gebaut! Und zum Tempel: Werde wieder gegründet! So spricht der HERR zu SEINEM Gesalbten, zu Cyrus …*

(Jes 44,28; 45,1). Ein heidnischer Herrscher in GOTTES Plan? Einer, der nicht zum auserwählten Volk gehört, der Gesalbte, der MESSIAS GOTTES? Eine solch ungeheuerliche Aussage gibt es im ganzen Alten Testament nicht noch einmal. Unfassbar für die deportierten Juden, dass sich GOTT zur Verwirklichung SEINER Ziele eines Menschen bedient, der keine Beziehung zu IHM hat, ja, der das selbst weder weiß noch ahnt!

Doch die Wirklichkeit übertrifft alles und gibt dem Propheten Recht: 539 v. Chr. zieht Cyrus siegreich in Babylon ein. Und schon 538 v. Chr. erlässt Cyrus ein Edikt, das den Deportierten die Rückkehr in die Heimat und den Wiederaufbau des Tempels in Jerusalem ermöglicht. Die unglaubliche Veränderung vollzogen, die prophetische Perspektive erfüllt! »So kann das gehen, denn bei GOTT ist nichts unmöglich«, hieß es abschließend in unserer Podiumsdiskussion 1988. »49 Jahre hat es damals gedauert. 39 Jahre sind bei uns schon vorbei. Muss ja auch nicht immer 49 Jahre dauern. Und das Werkzeug GOTTES, der Cyrus des 20. Jahrhunderts, ist auch schon in Sicht und in Aktion. Sein Titel und Name: Generalsekretär der KPdSU, Michail Gorbatschow.«

Das schlug ein mit ungeheurer Wucht unter den hunderten Teilnehmern des Umwelttages. Eine herrliche, frische Hoffnung durchzog diesen Tag. Unsere DDR-Situation geriet gewissermaßen unter die prophetische Perspektive der Befreiung und Veränderung! Die von uns, die wussten, wie es den Israeliten damals nach der Rückkehr mit der Freiheit erging, wussten: Auch das wird auf uns zukommen, die Probleme der Freiheit, die neuen Herausforderungen, die neuen Enttäuschungen. Aber so wie es war, 1988, so sollte und konnte es nicht weitergehen. Die prophetische Perspektive erfasste die Menschen und setzte Freude, Hoffnung und Kraft frei, die zur Veränderung gebraucht werden würden – und auch danach!

Und der Generalsekretär der KPdSU, Michail Gorbatschow, als Perspektivträger GOTTES: Das war ähnlich ungeheuerlich wie damals bei Deuterojesaja. Wahnsinn oder Wahrheit? Auch wir würden es erleben, so oder so.

Als ich Michail S. Gorbatschow anlässlich der Verleihung des Augsburger Friedenspreises zum ersten Mal persönlich begegnete, stand mir dieses Ereignis lebendig vor Augen …

So wird auch verständlich, dass ich Ihnen, lieber Michail Sergejewitsch Gorbatschow, das Beste zum Geburtstag wünsche, was ich Ihnen wünschen kann: Heil und Segen im umfassenden Sinne, dass Sie auch weiterhin und weltweit politischer Perspektivträger GOTTES sein und bleiben können.

Ihr
Christian Führer,
Pfarrer der Nikolaikirche Leipzig

26 Jahre Beginn der Friedensgebete, 25 Jahre wöchentliche Friedensgebete in St. Nikolai

10. September 2007, St. Nikolai

JESUS sagt:

Ihr seid das Salz der Erde. Wenn nun das Salz seine Wirkung verliert, womit soll man salzen? Es ist zu nichts mehr nütze, als dass man es fortschüttet und von den Leuten zertreten lässt. (Mt 5,13)

Liebe Friedensgebetsgemeinde!

Am 5. August 1731 versammelten sich in einer Gaststätte in Schwarzach im Salzburger Land rund 150 evangelische Christen. Einer nach dem anderen tauchte die Finger seiner rechten Hand in ein Salzfass, hob die Hand danach und schwor, sich durch nichts und niemanden vom evangelischen Glauben abbringen zu lassen. Die Idee der Glaubenstreue-Symbolhandlung durch einen Salzbund entstammt dem Alten Testament, 4Mose 18, Vers 19, wo es heißt:

Das soll ein Salzbund sein für immer vor dem HERRN für dich und für deine Nachkommen mit dir.

Der katholische Erzbischof Firmian von Salzburg unterzeichnete daraufhin am 31. Oktober 1731 den berüchtigten Emigrationserlass, nach dem alle Nichtkatholiken innerhalb von drei Monaten das Land zu verlassen hatten unter Zurücklassung aller unbeweglichen Habe und ihrer Kinder unter zwölf Jahren.

Im Gespräch mit dem heutigen katholischen Erzbischof von Salzburg am 9. August diesen Jahres konnte ich mit Freude feststellen, dass wir beide gleichermaßen diesen antichristlichen Akt verurteilen und darüber hinaus erstaunliche Gemeinsamkeiten in der Nachfolge JESU entdeckten! Wie weit sind wir gekommen von damals bis heute!

Damals, in dieser furchtbaren Entscheidung zwischen Glauben und Heimat, zwischen Glauben und einem Teil der Kinder, die jedoch in Nacht- und Nebelaktionen fast alle nachgeholt werden konnten, verließen etwa 22 000 evangelische Salzburger ihr Land. Sie wurden zum Salz eines klaren, unverfälschten Glaubens, dessen Wirkung überall spürbar und sichtbar wurde, wo sie hinkamen! Begeistert wurden sie in Württemberg und Sachsen aufgenommen, speziell auch in Leipzig. In zwei Gottesdiensten hier in der Nikolaikirche mit reichen Kollekten für sie – J. S. Bach schrieb dazu die Kantate »Brich dem Hungrigen dein Brot« – wurde die Lebendigkeit und Kraft des Glaubens an JESUS CHRISTUS gewürdigt, der keine faulen und bequemen Kompromisse macht!

Und nun sitzen wir im Jahr 2007 in derselben Kirche mit dem Salzwort von JESUS!

Am 20. September 1982, einem Montag, hatte sich eine kleine Schar zum ersten Friedensgebet außerhalb der Friedensdekade hier in der Nikolaikirche versammelt. Von da an konnte durch Beschluss der Frauen und Männer des Kirchenvorstandes jeden Montag um 17 Uhr ein Friedensgebet in der Nikolaikirche stattfinden, immer am selben Ort, im Herzen der Großstadt.

War das nicht unausgesprochen auch so eine Art Salz-bund, unbeirrbar und ohne faule oder bequeme Kompromisse im Namen JESU für Gerechtigkeit, Frieden und Bewahrung der Schöpfung zu beten und einzutreten?

Wer hätte auch nur geahnt, welchen SEGEN, welche unglaubliche Wirkung GOTT diesem »Senfkorn Friedensgebet« zugedacht hatte? Wir brauchten dabei nur Salz zu sein, wie JESUS es gesagt hat.

Uns einzubringen, uns einzumischen in das Leben der Menschen, in die Verhältnisse. Nicht Creme oder Zuckerguss obendrauf, nicht die »Bitte-mit-Sahne-Gemeinschaft«, die alles belässt und verharmlost. Sondern die wunden Punkte aufzuspüren, was ja nicht schwerfiel und schwerfällt, so reichhaltig waren und sind sie und so offensichtlich, und dann Salz hinein, damit nicht länger totgeschwiegen und zugedeckelt wurde und wird, was zum Himmel schreit! Damit die faulen Stellen nicht das ganze Leben der Menschen ansteckten und anstecken und die Gesellschaft verderben!

Bis 1989 haben wir uns gefragt,

• bei der Benachteiligung von Andersdenkenden,
• bei der Militarisierung des Denkens und Handelns von Staats wegen,
• bei dem vom Kindergarten bis zum Ende des Berufslebens verordneten Atheismus,
• bei der Ignorierung der Schöpfungsbewahrung,

haben uns immer wieder gefragt: »Was würde JESUS dazu sagen?« »Klar!«, sagt JESUS, »da muss Salz rein. Ihr seid das Salz!«

Und nach 1989 haben wir uns wieder gefragt,

- bei der Übertölpelung des Ostens im Einheitsprozess,
- bei der ungebremsten und unkritischen Übernahme westlicher Strukturen, auch in der Kirche,
- bei dem fragwürdigen demokratischen Spielraum für Neonazis und andere Spielarten alltäglicher Gewalt,
- bei Arbeitslosigkeit und »abgehängtem Prekariat«,
- bei der unverschämten Dominanz und Anbetung von Geld und Kapital:

»Was würde JESUS dazu sagen?« »Klar!«, sagt JESUS, »da muss Salz rein. Ihr seid das Salz!«

Salz, damit die wunden Punkte als Wunden bewusst werden, damit sie gereinigt und zur Heilung gebracht werden können. Denn das ist der Sinn: nicht die Provokation, nicht die Schmerzen, sondern die Heilung, Änderung, Erneuerung.

In besonders hartnäckige und bösartige Wunden muss besonders viel Salz rein:

- Denen, die das Geld zur neuen Religion gemacht haben,
- denen, die auf dem Weg der Globalisierung ganze Kontinente ausbeuten und Menschen zu Hunger und menschenunwürdigen Lebensbedingungen zwingen,
- denen, die alle Probleme mit militärischer Gewalt lösen wollen und immerfort mit Kriegen drohen, Kriege vorbereiten und Kriege führen,

denen allen muss gründlich die Suppe versalzen werden! Da wird ungeheuer viel Salz gebraucht! Da müssen sich Christen in aller Welt noch deutlicher und kompromissloser einbringen und einmischen!

Christen aller Länder vereinigt euch, denn *Ihr seid das Salz!*

Denn wenn das Salz seine Wirkung verliert, womit soll man salzen? Es ist zu nichts mehr nütze, als dass man es fortschüttet und von den Leuten zertreten lässt. (Mt 5,13)

Eine richtige Kircheintrittswelle wäre vonnöten, damit das nötige Salz zusammenkommt! So sind wir immer wieder nötig, uns einzumischen und einzubringen. So waren wir es und werden es mit GOTTES Hilfe weiter sein: Salz, Salz der Erde um JESU willen.

Ein großer Dank an alle, die sich in den 25 Jahren in den Friedensgebeten engagiert haben.

Vor allem danken wir GOTT aus voller Seele für alles, was ER durch die Friedensgebete bereits bisher bewirkt hat. Und bitten IHN, auch weiterhin den Friedensgebeten hier in der Nikolaikirche Segen, Wachstum und Wirkung zu verleihen.

Amen.

Friede auf Erden –
eine Betrachtung nicht nur zur Weihnachtszeit

2008

Im römischen Imperium, in dessen Machtbereich JESUS zur Zeit des Kaisers Augustus (30 v. – 14 n. Chr.) geboren wurde, herrschte ein bezeichnendes Verständnis von Frieden, wie es auf einer Münze des Kaisers Trajan (98–117 n. Chr.) dokumentiert ist: Die Friedensgöttin setzt ihren rechten Fuß auf den Nacken des Besiegten. Wenn der Feind besiegt ist, die Gegner ausgeschaltet bzw. unterworfen sind, dann herrscht Pax Romana, römischer Friede.

Ein »Friede« in Anführungsstrichen, der immer schon den Keim zum nächsten Aufstand, zum nächsten Krieg in sich trägt. Dieses Rollenmuster, dieses Verständnis von »Frieden« wird ungebrochen durch die Jahrhunderte praktiziert. Die zu Ende gehende Bush-Ära in den USA hat das in den letzten Jahrzehnten besonders krass gezeigt.

Wenn JESUS sagt, *MEINEN Frieden gebe ICH euch. Nicht einen Frieden, wie die Welt ihn gibt, gebe ICH euch. Euer Herz erschrecke nicht und fürchte sich nicht* (Joh 14,27), muss etwas ganz anderes mit »Frieden« gemeint sein. Dietrich Bonhoeffer ist diesem Frieden JESU nachgegangen und hat folgende Antwort gefunden: »Wie wird Frieden? Durch ein System von politischen Verträgen? Durch Investierung internationalen Kapitals in den verschiedenen Ländern, d. h. durch die Großbanken, durch das Geld? Oder gar durch eine allseitige friedliche Aufrüstung zum Zweck der Sicherstellung des Friedens? Nein, durch dieses alles aus dem einen Grunde nicht, weil hier überall Friede und Sicherheit verwechselt wird. Es gibt keinen Weg zum Frieden auf dem Weg der Sicherheit. Nur das eine große ökumenische Konzil der Heiligen Kirche CHRISTI aus aller Welt kann es so sagen, dass die Welt zähneknirschend das Wort vom Frieden vernehmen muss und dass die Völker froh werden, weil diese Kirche CHRISTI ihren Söhnen im Namen CHRISTI die Waffen aus der Hand nimmt und ihnen den Krieg verbietet und den Frieden CHRISTI ausruft über die rasende Welt.«

Die Waffen aus der Hand nehmen – den Krieg verbieten – den Frieden CHRISTI ausrufen über die rasende Welt: So klar und deutlich hat Dietrich Bonhoeffer den Weg gekennzeichnet, den JESUS aufgezeigt hat und gegangen ist.

Mit dem Kind in der Krippe hat dieser Frieden GOTTES angefangen. JESUS hat ihn mitten in den Gegensätzen und brutalen Konflikten dieser Welt gelebt. Und mitten hinein in diese gewalttätige Welt gehört auch heute dieser Friede ohne Anführungsstriche, den JESUS verkörpert und der Wirklichkeit wird, wenn wer auch immer die Bergpredigt ernst nimmt und JESUS beim Wort nimmt!

Da der Großteil der Kirche sich für zu lange Zeit unter dem Motto »Thron und Altar« mit Macht und Gewalt verbündet hatte, war sie blind für JESUS geworden, ja hatte die Bergpredigt zur Jenseitsethik abgestempelt, mit der man in dieser Welt keine Politik machen könne! Bis es GOTT satt hatte und ER mit einem Nichtchristen der Christenheit wieder die Augen öffnete! Mahatma Gandhi, ein Hindu, sagte: »Wenn ihr im GEIST eures Meisters

JESUS zu uns kämt, wir könnten euch nicht widerstehen.« Und nahm die Botschaft JESU der Gewaltlosigkeit und Feindesliebe konsequent auf und erreichte damit die Befreiung Indiens vom britischen Kolonialjoch ohne Krieg und Millionen Tote! Nur sein Leben hat es gekostet, wie bei JESUS. 1948 wurde er auf offener Straße erschossen.

Beim zweiten Mal war es endlich ein Christ, der im Land gewaltsamer Rassenkonflikte die Bergpredigt JESU wörtlich nahm und die Macht des gewaltlosen Widerstandes regelrecht antrainierte: Der schwarzamerikanische Pfarrer Dr. Martin Luther King. Beim Marsch auf Washington sagte er 1963 vor 250 000 Demonstranten unter anderem: »Ich habe einen Traum, dass meine vier kleinen Kinder eines Tages in einer Nation leben werden, in der man sie nicht nach ihrer Hautfarbe, sondern nach ihrem Charakter beurteilt …«

Dass dieser Traum ohne Bürgerkrieg Erfüllung findet mit der Wahl des farbigen Amerikaners Barack Obama zum Präsidenten der Vereinigten Staaten von Amerika im Jahr 2008: Das hat er nicht mehr miterlebt. Auch Martin Luther King hat es das Leben gekostet, wie JESUS. 1968 wurde er auf einem Balkon vor einer Predigt erschossen. Aber seine vier Kinder und das ganze Amerika haben 40 Jahre später den Traum nach der Bergpredigt JESU als wunderbare Wirklichkeit erlebt!

Die Christen Nelson Mandela und Bischof Desmond Tutu sind zu nennen, die mit beharrlichem, gewaltfreiem Widerstand das Ende der Apartheid in Südafrika herbeiführten und erlebten.

Auch die Friedliche Revolution mit dem Kerndatum 9. Oktober 1989 in Leipzig gehört in die Reihe der Realerfahrungen mit der Bergpredigt, mit der Macht der Gewaltlosigkeit. Sie war in dem machtvollen Ruf »Keine Gewalt« auf den Nenner gebracht! Er wurde nicht nur gerufen, sondern konsequent praktiziert: ein einmaliger Vorgang, der die Einheit Deutschlands ohne Krieg und Sieg zustande brachte!

Frieden wurde riskiert, Entfeindung praktiziert, wie sie JESUS ausgesprochen und gelebt hatte: *Liebe deine Feinde!*

An keiner anderen Stelle wird so klar, wie anders der Friede von JESUS ist mit der Abkehr vom Freund-Feind-Schema, vom zwanghaften Angst- und Sicherheitsdenken und dem Verzicht auf die Gewalt des Herzens, der Zunge und der Faust.

Liebe deine Feinde, sagt JESUS, und nicht: »Nieder mit dem Gegner!« Wer das einmal ausprobiert – und probiert es wenigstens einmal aus – auf Gewalt und Feindschaft in der Familie, unter Nachbarn, im Betrieb, in der Schule, in der Öffentlichkeit mit Freundlichkeit und Offenheit zu reagieren, kann Wunder erleben.

Frieden riskieren. Phantasie entwickeln. JESUS beim Wort nehmen.
Dann schmecken wir SEINEN Frieden. So fühlt er sich an.

Euer Herz erschrecke nicht und fürchte sich nicht.

Fürchte dich nicht, sondern rede

Ansprache bei der Demonstration am Atomwaffendepot Großengstingen

Palmsonntag, 8. April 1990

Zur ersten deutsch-deutschen Aktion für Abrüstung sind wir als Abordnung des Kirchenvorstandes der Nikolaikirche Leipzig hierhergekommen. Dass wir hier sind, dass ich als Pfarrer am Palmsonntag 1990 vor dem Atomwaffenlager in Großengstingen sprechen würde: Das hätte vor einem Jahr auch der feurigste Prophet nicht anzusagen gewagt. Nun ist es Wirklichkeit. Denn es ist etwas geschehen, es ist etwas in Gang gekommen, das so recht niemand zu glauben wagte. Wir haben erlebt, wie in den Herbsttagen 1989 der Geist JESU der Gewaltlosigkeit und Erneuerung die Massen ergriff, ohne Unterschied von Konfession und Weltanschauung, Christen wie Nicht-Christen, und zur Friedlichen Gewalt wurde, die einen Prozess der Veränderung und Umwälzung (lateinisch: *revolutio*) in Gang setzte. Diese Umwälzung erreichte auch die NVA (Nationale Volksarmee) und zeitigte erstaunliche Ergebnisse, die ein Soldat, mit dem ich seit dem Herbst 1989 in Verbindung stehe, am 21. Januar 1990 folgendermaßen notierte:

♦ Grundwehrdienst zwölf Monate.
♦ Ausgang montags bis freitags für 50 Prozent der Belegschaft von 16.00 bis 05.45 Uhr.
♦ Freitag nach Dienst bis Montag zum Dienst alle zwei Wochen Kurzurlaub für 50 Prozent der Belegschaft.
♦ Sonnabends dienstfrei.

- Reisen wie zivile Bürger.
- Möglichkeit der Antragstellung zum Wehrdienstersatz.
- Bindung an Standortbereich entfällt.
- Frühsport entfällt.
- Nachtruhe entfällt.
- Pflicht zur Essenseinnahme entfällt.
- Soldatengefängnis Schwedt entfällt.
- Zurzeit kein Nachdienen von Arreststrafen.
- Bei Ausgang und Urlaub: Anzugsordnung zivil.
- In den Unterkünften Aufstellen von Rundfunkgeräten (Radio, Tonband, Fernsehen) ohne Meldung möglich.
- Empfang von westlichen Sendern gestattet.
- Lesen von westlicher Presse gestattet (außer Nazi- und Pornoliteratur).
- Gründung von Soldatenräten. Beteiligung am Runden Tisch der Jugend von Leipzig.
- 45-Stunden-Woche.
- Anrede »Herr«, statt »Genosse«.
- Tragen eines Oberlippenbartes gestattet.

Auch staunten die DDR-Bürger nicht schlecht, als sie im Januar unter der Überschrift »Deutsch-deutscher Militärgipfel« lasen, dass der Chef des Hauptstabes der NVA, Generalleutnant Grätz, und der Generalinspekteur der Bundeswehr, Admiral Wellershoff, feststellten, dass es »niemandem gelingen wird, unter den gegenwärtigen Bedingungen uns gegeneinander aufzuhetzen«. Ein »Feind-Verhältnis« gebe es nicht.

Sodann ist nach 29 Jahren, in denen wir immer wieder dafür kämpften und darum rangen, eine »Verordnung

über den Zivildienst in der DDR, vom 28. Februar 1990«
erlassen worden. Der Zivildienst ist wie der Grundwehrdienst in zwölf Monaten abzuleisten. Es gibt keine wie
auch immer geartete Gewissensprüfung. Zurzeit entscheiden sich etwa 40 Prozent der Wehrpflichtigen für den Zivildienst.

Abschließend: 1989 war der Militärhaushalt noch in
der Höhe von 16,2 Milliarden Mark angesetzt. Er ist 1990
auf zehn Milliarden heruntergeschraubt worden. Die zivile Verwendung militärischer Liegenschaften von nicht
weniger als 258 000 Hektar Land wird in Angriff genommen. Ein großer Teil des Militärpersonals wird in das
Zivilleben eingegliedert.

Die Vorgänge sind so erstaunlich, dass es den For-
schern und Militärs fast den Atem verschlägt. Es ist viel in
Gang gekommen – und es war höchste Zeit dafür! Nach
Auschwitz und Hiroshima kann man nicht mehr dieselbe
Stellung zur Gewalt, zu militärischer Gewalt einnehmen
wie vorher! Und eigentlich konnte man es auch schon
nach dem Ersten Weltkrieg nicht mehr. Nun hat endgültig
ein Prozess des Bewusstseinswandels begonnen – und
dieser Prozess darf nicht wieder zum Stehen kommen!
Die Verantwortung und das Engagement des einzelnen
Menschen dürfen nicht mehr erkalten!

Kurt Marti sagte einmal: »Alle bildlichen Darstellungen
GOTTES, die ich kenne, stimmen erstaunlicherweise in
einem Punkt überein: Immer ist GOTT Zivilist, nie trägt ER
Uniform.« So lade ich Euch noch ein, zum Schluss mit mir
ein Bild zu betrachten, auf dem wir GOTT als Zivilisten sehen. Es ist der Holzschnitt von Otto Pankok (1893–1966),

»CHRISTUS zerbricht das Gewehr«. Der Künstler hat als Verfolgter des Naziregimes brutale Gewalt und Missachtung menschlichen Lebens an sich selbst erfahren. Ebenso, dass mit dem Zusammenbruch des Faschismus 1945 in Deutschland nicht gleichzeitig militärische Gewaltandrohung und Gewaltanwendung in der Welt unmöglich geworden sind. So entsteht 1950 der Holzschnitt »CHRISTUS zerbricht das Gewehr«,

Über dem Bild liegt trotz aller Dynamik und aller Eindeutigkeit der Handlung ein heiliges Schweigen. Alles bis auf das unbedingt Notwendige ist weggelassen. Die Welt ist leer. Nur CHRISTUS ist da. ER steht auf der Erde. Kein erkennbarer Erdteil, kein bestimmtes Land. Es ist einfach die Erde, unsere Erde, auf der ER steht. Wo jedes Wort zu viel ist, wo menschliches Denken und Handeln so furchtbare Auswirkungen hervorbrachten, handelt nun ER. ER nimmt es in die Hand. Die Unruhe des Gewandes lässt die Erregung des Vorganges deutlich werden. Das Gesicht CHRISTI ist von gesammeltem Ernst: Das muss jetzt getan werden! Die Zeit ist überreif. ICH tue es für euch. Überraschend klar die Geste, mit der es JESUS tut. Da muss nichts mehr erklärt werden.

Dieser JESUS CHRISTUS, mit bloßen Füßen auf der blanken Erde, hat Allgemeingültigkeit. Was ER tut, spricht zu allen auf dieser Erde, unabhängig von ihrer Überzeugung oder Ideologie, unabhängig von ihrer Rasse oder Staatszugehörigkeit. Was ER tut, tut ER aus Liebe. ER ist barfuß, unbewaffnet, nicht in Helden- oder Siegerpose. ER triumphiert nicht über jemanden oder etwas. Aber ER ist auch von niemandem aufzuhalten! Im Namen GOTTES kommt ER uns zu Hilfe und tut, wozu wir die Kraft und Freiheit nicht hatten. Uns zu erlösen, musste ER es selber tun. Der Strahlenkranz, die Gloriole, die IHN umgibt, zeigt das an. Nun kann sich die Erde wieder bevölkern. Neuer Lebensraum ist für alle eröffnet. SEIN Beispiel hat neues Denken und Handeln entzündet. Eine bislang nicht gekannte Realität bahnt zaghaft sich an.

CHRISTUS zerbricht das Gewehr als das untaugliche Mittel zur Austragung menschlicher Konflikte. Das bekommt hier in Großengstingen vor dem Atomwaffendepot, in dem Bomben gelagert sind, von denen eine die 6- bis 8-fache Sprengkraft der Hiroshima-Bombe hat, besonderes Gewicht. Die Bombe tötet. Das Gewehr tötet. CHRISTUS aber ist gekommen, dass wir das Leben haben, dass wir das Leben behalten, dass wir das Leben erhalten.

ICH lebe und ihr sollt auch leben, sagt JESUS uns. Und das ist es doch, was auch wir alle wollen: leben, einfach leben. Ohne Waffen wird das einfacher sein. Im Blick auf die Schwestern und Brüder der Zweiten und Dritten Welt, die hungern, wird es nur ohne diese Waffen gehen. Rüstung tötet auch ohne Krieg. Die Zeit drängt. Forcierte Abrüstung ist das Gebot der Stunde, damit wir zusammen mit den Schwestern und Brüdern auf der südlichen Hälfte der Erdkugel gemeinsam leben können.

ICH lebe und ihr sollt auch leben: Damit kann ich etwas anfangen. Dafür lohnt es, sich einzusetzen. Denn GOTT ist nicht ein GOTT der Toten, sondern der Lebenden.

Amen.

Predigt zum Ökumenischen Friedensgebet

29. Oktober 1990, Franziskanerkirche St. Anna zu München

Ich komme zu Ihnen weder als christlicher Politiker noch als kirchlicher Würdenträger noch als »Revolutionsheld«, wie man sieht. Wir waren keine Helden und lassen uns auch nachträglich nicht zu solchen machen. Ich komme zu Ihnen als einfacher Gemeindepfarrer von der Basis. Darum werde ich Ihnen einige Gedanken entwickeln, die ich aus der Bibel und unserer Wirklichkeit gewonnen habe.

Ich gehe aus von Nathan, dem Propheten, der mit einer Bildgeschichte das Unrecht eines Mächtigen anprangert. Er wagt dem König David dessen Ehebruch und Mord ins Angesicht zu sagen: *ATA HA IESCH!*, Du bist der Mann! Im 2. Samuelisbuch Kapitel 12 ist das zu lesen.

Ein Kapitel zuvor wird der Fall selbst geschildert. Vom zufälligen, nicht geplanten Beginn, vom Mächtigwerden der Gewalt des Gedankens und der Begierde über das Zupacken und Ausspielen der Macht bis hin zur Eskalierung des Verbrechens in seiner planvollen Vollstreckung: ein schreckliches Geschehen! Ein Fall für die *Bildzeitung*. Geeignet für eine *Tatort*-Verfilmung.

Der Täter, der Schuldige, ist kein Geringerer als David, der Liebling der Nation. Vom Hirtenjungen zum König von Israel: Wenn das kein Aufstieg ist! Ein Mann mit ausgeprägtem Gerechtigkeitssinn, der es schon als Jugendlicher unerträglich fand, wie GOTT und das GOTTESvolk durch den selbstbewussten Militär Goliath verhöhnt wurde. David, der den ungleichen Kampf im Vertrauen auf GOTT wagte und gegen alle Vernunft und Wahrscheinlichkeit gewann! David, der Psalmendichter, die Symbolfigur des messianischen Gedankens, dessen Nachfolger einmal der Messias wird. David, er ist der Mann! Auch das ist er.

Es ist unglaublich, dass die Bibel das berichtet. In den Biografien großer Politiker der jüngeren Vergangenheit und der Gegenwart werden Sie solche tiefdunklen Stellen nicht finden. Nicht, dass es sie nicht gäbe. Aber sie sind eliminiert, die Biografie ist »künstlich gereinigt«. In der Bibel hingegen wird nicht kaschiert und weggelassen. Da werden die Sünde und der Sünder beim Namen genannt, ohne Rücksicht auf seine führende Rolle in Staat, Religion und Gesellschaft! Und wie kommt alles ans Tageslicht? Nicht durch Indiskretion, nicht durch Recherchen von Journalisten, sondern durch den in GOTTES Vollmacht redenden Propheten!

Nathan wagt ungeheuer viel. Er hält sich nicht an die untergeordneten Befehlsvollstrecker und lässt den Verantwortlichen und das Herrschaftssystem unangetastet. Er lässt sich nicht blenden, und er nimmt auf sich keine Rücksicht. Im Namen GOTTES ist er – herrschaftskritisch. So geht es heute hier nicht um eine Einzeltragödie. Hier prallen nicht nur Prophet und König aufeinander. Nathan ist kein Privatmann, sondern das unbestechliche, das den Schwachen schützende Wort GOTTES. Und David ist nicht nur der König in allzu menschlicher Weise, sondern die Macht, der Staat, die Institution schlechthin. Sie stehen sich in Wahrheit gegenüber. Also David als Verkörperung von Macht, Staat, Institution.

Und da sehen wir, wie die Macht zur Versuchung wird. Wie der Machtinhaber sozusagen die Kontrolle über sich verliert und zur Gefahr für den einzelnen Menschen wird. So kann man es auch am ehemaligen Staats- und Parteichef Honecker beobachten. Er war Kommunist, als es ihm nichts als Schwierigkeiten brachte. Er saß acht Jahre lang bei den Nazis im Zuchthaus. Er hat für seine Überzeugung gelitten. Und als er selbst an die Macht kam? Da wurde er Stück um Stück zum Diktator. Er ließ sich von keinem Nathan etwas sagen … Ja, der Mächtige verliert die Kontrolle über sich. Er geht nicht nur sprichwörtlich über Leichen. Er setzt sich über alles Recht und Gesetz hinweg, um seinen Willen durchzusetzen.

Macht und Gewalt: die gefährlichsten Seuchen, die den Menschen befallen können. Die selbst den Glauben – wie bei David – zeitweise außer Kraft setzen können. Allgemeingefährlich gewissermaßen. Weltweit und zeitlos verbreitet. Nicht auf »rechts« oder »links« oder »Mitte« zu lokalisieren. Jeder ist anfällig. Alle menschlichen Beziehungen sind dadurch gefährdet. Und dafür anfällig: in der Erziehung, in der Familie, in der Partnerschaft, bei der Arbeit, selbstverständlich und extrem in Militär, Wirtschaft und Politik, aber natürlich auch in der Kirche!

Darum hat JESUS ein Beispiel gegeben und nicht nur wie Nathan punktuell, sondern generell vor Macht und Gewalt gewarnt:

Ihr wisst doch, sagt JESUS, *dass die Fürsten ihre Völker niederhalten und die Mächtigen ihnen Gewalt antun. So soll es unter euch nicht sein!* (Mt 20,25)

Die Konsequenz kann nur sein: Die Macht muss begrenzt, geteilt, eingedämmt werden. Damit der Einzelne und die Gesamtheit geschützt werden. Sie muss als Gefahr besonders in den Institutionen erkannt werden! Aber – wer kann das?

Nur ein Gegenüber, ein unabhängiges Gegenüber!

Der Prophet GOTTES, Nathan, konnte es. Am umfassendsten JESUS, DER die Macht und Gewalt in ihrer Brutalität, Banalität und Sinnlosigkeit durch SEINEN Tod am Verbrecherbalken, dem Kreuz, ad absurdum führte.

Es ist bedeutsam, dass nicht die Vertreter des Synhedrions, des Tempels, das Gegenüber sind. Nicht die Institution in Gestalt des Priesters, Schriftgelehrten oder gar Hohenpriesters ist dem König entgegengetreten, sondern der Einzelne, der Prophet, der nicht die Sicherheit einer eigenen Machtinstitution im Rücken, sondern allein den Glauben als Legitimation und Stärke hat!

So werden es wohl auch heute immer wieder Einzelne sein müssen aus dem Bereich der Kirche, die in prophetischer Weise Kritik an der Macht üben, die Strukturen der Ungerechtigkeit ohne Scheu beim Namen nennen und dem einzelnen Menschen wieder zu Würde und Recht verhelfen! So darf auch heute der Einzelne nicht ängstlich oder obrigkeitshörig (wofür wir Deutschen wohl besonders anfällig sind) darauf warten, was aus Berlin oder Bonn, was jeweils von »oben« kommt! Die Wahrheit wird nicht auf dem Dienstweg, sondern durch GOTTES Geist vermittelt! Der Mut kommt nicht aus Ämtern, Diplomen und Zeugnissen (Sie wissen ja, der »Schein trügt«), sondern aus GOTTES Geist!

Und was besonders in den letzten beiden Jahren in der ehemaligen DDR, in der Stadt Leipzig, in unserer Kirche St. Nikolai, von den Frauen und Männern des Kirchenvorstandes, von den Basisgruppen, interkonfessionellen Gemeindekreisen, Pastorinnen und Pfarrern, Ordensleuten und Priestern und anderen kirchlichen Mitarbeitern geleistet wurde: Von JESUS her soll die ganze Kirche sein: prophetisch, unabhängig, nicht an der Macht beteiligt und in Machtunrecht verstrickt, den Menschen dienend. So, wie es JESUS gesagt und gewollt hat:

Wer unter euch groß sein will, der soll euer Diener sein; und wer unter euch der Erste sein will, der soll euer Knecht sein, so wie der Menschensohn nicht gekommen ist, um sich dienen zu lassen, sondern um zu dienen und SEIN Leben zu geben als Lösegeld für viele.
(Mt 20,26–28)

Darum wende ich mich mit Nachdruck gegen alle Versuche, im Rahmen der deutschen Einheit die Kirche in der ehemaligen DDR wieder mit Privilegien auszustatten und auf verdeckte Weise erneut an der Macht zu beteiligen! Wir wollen keine Rückkehr in eine »Volkskirche« der trügerischen Zahlen. Solches Zahlenblendwerk der Selbsttäuschung haben wir in den letzten 40 Jahren regelmäßig am 1. Mai und am 7. Oktober von der verflossenen Partei- und Staatsführung bis zum Überdruss vorgeführt bekommen. Das reicht uns!

Ich warne nachdrücklich vor der alt-bösen, unseligen Verfilzung von Staat und Kirche und kann es nicht oft genug sagen, was wir als Kennzeichen erkannt und erfahren haben:

1. Kirche muss unabhängig von staatlicher und wirtschaftlicher Macht sein und bleiben, um nicht selbst Machtinstitution zu werden! Entsprechende Negativbeispiele über weite Strecken der zweitausendjährigen Kirchengeschichte sprechen eine deutliche Sprache. Die Kirche hat entsprechend dem Vorbild JESU (Mt 4,1 ff.) nachhaltig den Versuchungen des Wohlstandes, des Ansehens und der Macht zu widerstehen! Hätte die Kirche in der ehemaligen DDR mit der Staatsmacht kollaboriert, hätte der Herbst 1989 nicht oder zumindest nicht so stattgefunden. Darum hat Pfarrer H. Albertz aus der ehemaligen Bundesrepublik zu unserer Situation und Rolle gesagt: »Zum ersten Mal in seiner Geschichte hat der deutsche Protestantismus auf der richtigen Seite gestanden – bei den Unterdrückten und nicht bei den Unterdrückern, beim Volk und nicht bei den Mächtigen. Hier wurden ›politische Predigten‹ im wahrsten Sinne des Wortes gehalten – ein Lehrstoff für uns, bei denen schon dieser Ausdruck verfemt ist. Das Reich GOTTES ist nur glaubhaft zu predigen, wenn die Predigt auch eine politische Rede ist, und jede politische Rede kann auch eine Predigt sein. Ja, wir haben viel zu lernen in unserem westlichen, allerchristlichsten Abendland. In einem atheistischen Staat ist die Frohe Botschaft von JESUS CHRISTUS Anstoß zum politischen Handeln geworden, die Kirche zum Raum der Freiheit und der Menschlichkeit.«

2. Kirche muss Freiwilligkeit ernsthaft praktizieren und darf auch nicht unter dem Vorwand, die Menschen zu ihrem Glück nötigen zu wollen, Zwang oder Druck auf die Menschen ausüben. Lenin wollte die Menschen zu ihrem Glück zwingen. Wohin das führte, sehen wir heute mit Schrecken. Freiwilligkeit, das heißt: auch kein verdeckter Druck durch z. B. Kirchensteuereinzug durch den Staat oder Religionsunterricht durch Staatsbeamte an den Schulen.
3. Kirche muss den Freiraum bieten für die Erniedrigten und Beleidigten, die Mühseligen und Beladenen, die Verunsicherten und Geängstigten. »Kirche ist nur Kirche, wenn sie für andere da ist«, hat der von den Nazis ermordete Theologe Dietrich Bonhoeffer gesagt.

Unabhängigkeit, Freiwilligkeit, Freiraum: Nur so kann Kirche hilfreich, prophetisch, solidarisch sein. Nur so kann sie das unabhängige Gegenüber, der prophetisch kritische Mahner der Macht bleiben. Und wenn nicht solche Kirche – wer sollte es sonst sein?

Und dabei können wir, wie Nathan, viel wagen und einsetzen und auf die üblichen Rückversicherungen verzichten. Denn: Legitimation und Kraft, Rückendeckung und Fundament der Kirche kommen weder aus Privilegien noch aus der harten Währung; Sie kommen einzig und allein von unserem gekreuzigten und auferstandenen HERRN JESUS CHRISTUS selber: *Einen anderen Grund kann niemand legen außer dem, der gelegt ist: CHRISTUS.* (1Kor 3,11)

Bleiben zum Schluss noch einige Feststellungen: David ließ den mahnenden Kritiker nicht in Herrschermanier umbringen. Sondern der Glaube gewinnt in ihm wieder die Oberhand. Er erkennt seine Schuld an, er vertuscht und verheimlicht nicht: »Ich habe gesündigt gegen den HERRN.« Das ist der Beginn des Neuanfangs, den wir in unserem Land so sehr vermissen! Keiner der besonders Schuldigen, kein Stasi-Mitarbeiter hat sich bisher selbst gemeldet oder gar von Schuld gesprochen. »Wir sind missbraucht worden«, ist die gängige Aussage. Und in entsprechender Abstufung ist das auch die Meinung der vielen ehemaligen Genossen. »Wir sind missbraucht worden.« Wer aber stellt die Wahrheit her, indem er das Notwendige hinzufügt: »Wir haben uns aber auch missbrauchen lassen«?

Ich habe gesündigt gegen den HERRN. Damit erkennt David die Wurzel, aus der das Verbrechen erwuchs. Damit wirft er sich GOTT in die Arme. So wird ein Neuanfang möglich, wenn auch mit Wunden. Als Wunden in seinem Leben bleiben der Uria und das tote Kind.

Ist es das, was wir nun doch noch von diesem David aufnehmen können? Auch uns hat GOTT die Chance eines Neuanfangs gegeben. Die Chance, als verschieden Gewandete und verschieden Konfessionelle und in Geschichte und Gegenwart schuldig Gewordene dennoch miteinander als Kinder eines Vaters dem Reich GOTTES entgegenzugehen.

In MEINES Vaters Haus sind viele Wohnungen, sagt JESUS. Nun, mir scheint, da ist viel Platz. Da muss keiner draußen vor der Tür bleiben. Unter den Augen JESU verlieren dann auch interkonfessionelle Differenzen jeden Witz und Sinn.

Und auch uns Deutschen hat GOTT die Chance eines Neuanfangs gegeben. Was niemand in unserem unchristlichen Land nach 57 Jahren wechselnder Diktaturen, nach zwei zwar sehr verschiedenen, aber in ihrem militant atheistischen, totalen Anspruch auf den ganzen Menschen sehr ähnlichen Weltanschauungsstaaten, für möglich gehalten hätte, ist geschehen: Der Geist JESU der Gewaltlosigkeit und Erneuerung hat die Masse der Menschen, Nichtchristen wie Christen, erfasst und ist zur materiellen Gewalt, zu einer friedlichen Gewalt geworden! In Rassendünkel und Größenwahn waren die Eltern staatlicherseits erzogen worden. Mit Klassenkampf und Feindbild sind die Kinder herangewachsen. Verhalten aber haben sich die Menschen vor dem 9. Oktober, dem Dreh- und Angelpunkt des Geschehens, als wären sie mit der Bergpredigt aufgewachsen! Das verdient den Ausdruck »Wunder«. Das war »Kairos«, ein besonderer Zeitraum, den wir auch nur bis zum 9. November erlebten. Danach kam eine andere Dynamik zum Zug ...

Im Herbst 1989 haben wir es also erlebt, dass CHRISTUS uns durch SEINEN Geist der Gewaltlosigkeit von gebückter Haltung und unwürdiger Anpassung befreit hat. Nun haben wir die Chance, in der Freiheit des Evangeliums den aufrechten Gang weiter zu üben und zu gehen.

Vorerst jedoch treten die Schäden der letzten 40 Jahre in immer neuen Variationen zu Tage. Menschen der ehemaligen Bundesrepublik können sich das innere Chaos und die Problemtiefe nicht annähernd vorstellen, auch namhafte Politiker nicht. Die Preise sind kräftig gestiegen und haben westliches Niveau erreicht – die Gehälter und der Service sind vorerst weitgehend östlich geblieben: Das gibt Spannungen und weitere Abwanderungen! Verkehrstote haben wir bereits doppelt so viele wie im Vergleichszeitraum des Vorjahres. Die Zahl der Diebstähle ist um das Zehnfache gestiegen. Unsere Sparkassen werden immer mehr zu einer Art Selbstbedienungsladen für westliche Gangsterprofis. Die Gewalt in den Fußballstadien nimmt zu. Wir müssen erleben, wie 14- und 15-Jährige Naziparolen schreiend durch die Innenstadt laufen. Und mangelnde Gerechtigkeit ist zu beklagen: Wer vorher aufgrund seines Postens und seiner Parteizugehörigkeit in einer komfortablen Wohnung saß, der sitzt auch jetzt noch darin. Wer vorher keine ordentliche Wohnung hatte, der bemüht sich auch jetzt noch um eine solche. Wer schon fünf Jahre auf ein Telefon wartete, der wartet in der Regel auch heute noch. Und die Arbeitslosigkeit – sie trifft eben in der Hauptsache den sogenannten kleinen Mann, die Schwächeren der Gesellschaft; während die alten Genossen in bedauernswürdiger Anpassungsakrobatik und mithilfe westlicher Wirtschaftsunternehmer in der Regel ihre privilegierten Stellungen halten konnten (natürlich unter anderer Bezeichnung und ohne das gewisse runde Etwas am Revers, versteht sich!). 40 Jahre unterschiedlicher Entwicklung lassen sich eben so schnell nicht einfach vereinigen.

Auch die deutsche Einheit ist eben nur so gut, wie sie der Einzelne vor Ort erfährt. Wir werden also Zähigkeit, Geduld und gegenseitiges Verständnis en masse brauchen, um auch den Teil 2 der sanften Revolution bewältigen zu können. Wahrscheinlich aber reicht das nicht einmal aus. Wie bei David muss in den deutschen Landen der Glaube wieder die Oberhand gewinnen!

Die Kirche denkt in Jahrhunderten und Jahrtausenden. Ein Stück dieser inneren Ruhe und Gelassenheit brauchen wir aufgescheuchten Menschen heutiger Zeit wieder. Wir – wer sonst – müssen die Menschen wieder ermutigen zu den Werten, die für menschliches Zusammenleben unerlässlich sind: zu Glauben, Freude, Liebe und Hoffnung. Damit aus Zeitgeschichte Heilsgeschichte werden kann.

Amen.

Beitrag zu »Ökumene jetzt«

20. Februar 2013, Kath. Kathedralgemeinde,
Ev. Domgemeinde, Ev.-method. Gemeinde Magdeburg

Kirchentrennung macht Ökumene notwendig und wichtig. Die große Kirchentrennung ist vielen Christen nicht bekannt. Sie wurde am 16. Juli 1054 vollzogen. Worum ging es?

Die Ostkirche formulierte, dass der HEILIGE GEIST nur vom VATER ausgehe. Die Westkirche hingegen, dass der HEILIGE GEIST vom VATER und dem SOHN, *filioque*, ausgehe. Von der Ostkirche wurde der Gebrauch des ungesäuerten Brotes beim Heiligen Abendmahl und das Sabbatfasten, das die Westkirche praktizierte, als ketzerisch-jüdische Praxis verurteilt. Zugleich beanspruchte der orthodoxe Patriarch die Rechte und Ehren des römischen Papstes. Die Gesandten Roms haben daraufhin in der Sophienkirche in Byzanz den Fluch gegen den orthodoxen Patriarchen hinterlegt, der umgehend erwidert wurde. Der Bruch zwischen Rom und Byzanz, zwischen der West- und der Ostkirche, war vollzogen.

Rechtfertigen die genannten Gründe so einen furchtbaren und folgenreichen Schritt? Oder ist die Wahrheit brutal einfach die Machtfrage: Ist der Bischof von Rom oder der Bischof von Byzanz der oberste Repräsentant der Christenheit? Da bleibt für die Theologie, für das *filioque* und das ungesäuerte Brot nicht mehr viel Platz. Der 16. Juli 1054 ist das Datum der fragwürdigen Kirchentrennung.

Mit dem 31. Oktober 1517 verhält es sich grundsätzlich anders. »Aus Liebe zur Wahrheit und in dem Bestreben, diese zu ergründen«, beginnt Dr. Martin Luther seine 95 Thesen.

Er wollte die Kirche reformieren, erneuern und hatte den Mut, JESUS wieder in die Mitte der Institution Kirche zu rücken, die Heilige Schrift wieder lebendig und zugänglich zu machen in einer Kirche, die mit Glanz und Prunk und Gewalt in die finsterste Sackgasse geraten war.

Seine vier Hauptpunkte:

solus CHRISTUS, allein CHRISTUS

sola scriptura, allein die Schrift

sola fide, allein der Glaube

sola gratia, allein aus Gnade

setzten die Alternative zu den Missständen, an die man sich im Laufe von Jahrhunderten gewöhnt hatte. Die Menschen fühlten die Befreiung und erkannten die Notwendigkeit und Chancen der Erneuerung.

»Um 1570 waren etwa sieben Zehntel der Einwohner Deutschlands evangelisch. Die Gebildeten waren fast durchweg für die Reformation gewonnen. Die protestantischen Universitäten und Lateinschulen standen in hoher Blüte.« (K. Heussi)

Aber bald schon fiel das Erbe der Reformation unter die Räuber. Dogmatische Streitigkeiten zerrissen das protestantische Lager. Die Glaubensklarheit und starke Persönlichkeit Luthers fehlten an allen Ecken und Enden. Die Zeit für die Gegenreformation war nie günstiger. Einfluss und Macht verschafften sich vornehmlich die Jesuiten, denen »die gewaltsame Unterwerfung der Ketzer als religiöse Pflicht und jeder Ausgleichsversuch als Verrat erschien«. (K. Heussi)

Die sich immer mehr zuspitzenden Auseinandersetzungen entluden sich in dem entsetzlichen Dreißigjährigen Krieg. Das Wort von Blaise Pascal findet hier seine furchtbare Bestätigung: »Nie tun Menschen Böses so gründlich und glücklich wie aus religiöser Überzeugung.« Aber auch dieses Morden bis zur Erschöpfung und Ausblutung Deutschlands fand ein Ende: mit dem Westfälischen Frieden von 1648. Er brachte die Parität der Stände beider Konfessionen und damit das Ende der Unterdrückung der Protestanten. Die militärischen Schläge der Gegenreformation verhinderten die Ausbreitung der Reformation auf die ganze Kirche. Zwei Konfessionen, die sich noch weiter verzweigten, waren die Folge.

Im Blick auf das bevorstehende Jubiläum 500 Jahre Reformation und 50 Jahre Zweites Vatikanisches Konzil schrieb Bundestagspräsident Prof. Dr. Norbert Lammert engagierte Christen aus Politik, Wissenschaft, Wirtschaft, Kultur, Sport und anderen gesellschaftlichen Bereichen an, an einem Aufruf zur Ökumene mitzuarbeiten und diesen zu publizieren. So wurde auch ich gebeten und sagte zu. Es entstand der Aufruf »Ein GOTT, ein Glaube, eine Kirche – Ökumene jetzt.« Ich sah den Vorteil darin, dass der Aufruf nicht von einer theologischen Expertengruppe, sondern von engagierten Christen der verschiedensten Berufe erstellt wurde, die Prominentenstatus haben. Das ist nur insofern wichtig, dass Prominente in der Öffentlichkeit eher wahr- und ernst genommen werden. Die Begrenztheit des Aufrufes liegt darin, dass Vertreter der Reformierten, der Methodisten und der Freikirchen nicht einbezogen wurden und es »nur« um die evangelische und die katholische Kirche und ihre Annäherung ging.

Der Aufruf geht von JESUS und der Heiligen Schrift aus und geht die Kirchentrennung als eine Spaltung an, die »ganz offenbar dem Willen CHRISTI widerspricht, ein Ärgernis für die Welt ist und ein Schaden für die heilige Sache der Verkündigung des Evangeliums vor allen Geschöpfen.«

Mit großem Ernst steht heute die Frage vor uns, wie es weitergeht in dieser säkularisierten, islamisierten, pluralisierten Welt. Können wir uns angesichts dieser Situation überhaupt noch Kirchentrennung leisten? Das ist jedoch erst die zweite Frage. Die Hauptfrage lautet: Was ist der Wille unseres HERRN und HEILANDES JESUS CHRISTUS? ER sagt (Joh 17,21 ff. ist es überliefert): *... damit sie alle eins sind. So wie DU, VATER, in MIR bist und ICH in DIR, so sollen auch sie in UNS sein, damit die Welt glaubt ... ICH habe ihnen die Herrlichkeit gegeben, die DU MIR gegeben hast, damit sie eins sind, so wie WIR eins sind. ICH in ihnen und DU in MIR, damit sie vollkommen eins sind ...*

Das ist Klartext. Trennung und Spaltung der Kirche widerspechen dem Willen JESU, schaden der Verkündigung des Evangeliums, machen Kirche und Christen unglaubwürdig vor der Welt.

Längst also ist der Weg gewiesen, eindeutig. Reformation ja und *semper*. JESUS-Ferne der Kirche und Kirchentrennung waren immer schon falsch, weil sie nicht dem

HEILIGEN GEIST entspringen, sondern dem menschlich allzu menschlichen Macht- und Herrschaftsdenken.

Und so gehen die beiden – miteinander, nebeneinander und manchmal auch theologisch aufeinander zu. Wie 1999 in Augsburg in der Frage der Rechtfertigung. Exakt heißt das Papier – das muss ich jetzt richtig ablesen –: »Unterzeichnung der gemeinsamen Offiziellen Feststellung zur Bestätigung der Gemeinsamen Erklärung zur Rechtfertigungslehre.« Nicht ganz unkompliziert, wenn die Theologen an der Annäherung arbeiten.

Was würde wohl JESUS dazu sagen?

Die Basis der katholischen und evangelischen Gemeinden wird immer unruhiger. Auf jedem Kirchentag, jedem Katholikentag kommt die Sehnsucht nach verbindlicher Gemeinschaft zum Ausdruck. Darum haben 23 engagierte Christen diese Septemberinitiative gestartet: »Ein GOTT, ein Glaube, eine Kirche – Ökumene jetzt!« Ein Beitrag zur Überwindung der Kirchentrennung, der die unendliche Bearbeitung durch die ewigen Bremser, die Würden- und Bedenkenträger in heilsame Unruhe versetzen will. Die schön klingende, aber unverbindliche Formel von »versöhnter Verschiedenheit« ist weder Durchbruch noch Aufbruch. Darum stellt die Septemberinitiative fest:

»Weil uns GOTT in der Taufe Gemeinschaft mit JESUS CHRISTUS geschenkt hat,
sind Getaufte als Geschwister miteinander verbunden.
Sie bilden als Volk GOTTES
und Leib CHRISTI die eine Kirche, die wir in unserem Credo bekennen …

Wir wollen nicht Versöhnung bei Fortbestehen der Trennung, sondern gelebte Einheit im Bewusstsein historisch gewachsener Vielfalt«.

»Gelebte Einheit« ist nicht als äußerliche, strukturelle, institutionelle Einheit zu verstehen. Sondern als Einheit vom Kern, vom Inhalt, von dem, was uns im Innersten zusammenhält – von JESUS CHRISTUS her.

Auf dem Berliner Ökumenischen Kirchentag predigte in einer Thomasmesse der persönliche Prediger des Papstes mit Namen Cantalamessa. Er verblüffte uns mit der Bemerkung zu Anfang: »Was wir heute brauchen, ist ein neuer Luther!« Ehe wir uns von unserer Überraschung erholt hatten, die Begründung: »Denn Luther hat CHRISTUS wieder in die Mitte gerückt.« Was das für Folgen für die Kirchen heute haben könnte, erklärte er mit einem Bild. »Wenn ich auf den Petersplatz sehe, sehe ich die Menschen vom Rand her auf ein Ziel zustreben, den Obelisken. Je näher sie ihm kommen, umso näher kommen sie einander, bis sie dicht beieinander stehen. Wenn wir Christen alle CHRISTUS in der Mitte sehen und uns zu IHM als dem Mittelpunkt hin bewegen, kommen wir einander nahe, ganz nahe.

Bei CHRISTUS sein heißt dann gleichzeitig beieinander sein.« Ein beeindruckendes Gleichnis, wie wahr!

Sagen wir es wie Luther klar und »ohne alle Hörner und Zähne«: Es geht um die Kanzel- und Abendmahlsgemeinschaft der beiden Kirchen.

- Denn nicht unser ist das Wort, das wir zu verkündigen haben.

- Denn nicht die Kirchen oder Konfessionen laden zum Heiligen Abendmahl, zur Eucharistie ein. Sondern CHRISTUS selbst lädt uns an SEINEN TISCH.

Heißt: Dass wir nicht mehr nur Gäste und Fremde in den Gottesdiensten der jeweils anderen, sondern in jeder Kirche und jedem Gottesdienst zu Hause sind, ohne Abstriche und Einschränkungen, als Volk GOTTES und Leib CHRISTI ungeteilt und ebenbürtig. *Hier ist nicht Jude noch Grieche, hier ist nicht Sklave noch Freier, hier ist nicht Mann noch Frau* – und wir können getrost hinzufügen: nicht Protestant noch Katholik*; denn ihr seid alle einer in CHRISTUS JESUS.* (Gal 3,28)

- Und was zählt, sind nicht Ämter und Würden, nicht Dogmen noch Kirchengesetze, *sondern der Glaube, der durch die Liebe tätig ist.* (Gal 5,6)

So will es JESUS.

So sagt es die Schrift.

So gehen wir dem REICH GOTTES entgegen mit »revolutionärer Geduld« (D. Sölle).

Gemeinsam! Denn als Christen im Land der Reformation tragen wir dafür besondere Verantwortung.

Amen.

»Was wir brauchen, ist ein neuer Luther« – Interview zu »Ökumene jetzt«

Erschienen am 5. September 2012 in der Leipziger Volkszeitung

Leipzig. »Ökumene jetzt« – mit diesem Aufruf wollen 23 namhafte Unterzeichner für die gelebte Einheit beider großer Kirchen im Bewusstsein historisch gewachsener Vielfalt werben. Die Liste reicht von Günther Jauch über Norbert Lammert, Antje Vollmer bis zu Richard von Weizsäcker. Zu den Erstunterzeichnern gehört auch Leipzigs früherer Nikolaipfarrer Christian Führer.

Frage: Ist Ihr Aufruf für mehr Ökumene zugleich ein Weckruf?

Christian Führer: Ja, unbedingt. Es ist ein Weckruf im Sinne Luthers. Wir brauchen unbedingt eine neue Sicht beider Kirchen aufeinander. Und wir müssen uns dazu gemeinsam auf den Weg machen.

Wie sind Sie in Kontakt mit der Initiative getreten?

Ich wurde im April von Bundestagspräsident Norbert Lammert angeschrieben mit der Bitte um Unterstützung. Da gab es bei mir kein langes Überlegen, Ökumene ist mir seit jeher eine Herzensangelegenheit.

Das geht leider nicht jedem so. Auf katholischer Seite scheint Ökumene oft als Bekehrung der abtrünnigen Protestanten verstanden zu werden.

Ich warne davor, hier zu verallgemeinern. An der Basis sind wir in der Ökumene schon längst weiter, hier geht schon vieles gemeinsam, was in den Kirchenhierarchien noch undenkbar scheint. Das ist aber leider ein typisches Wesen von Hierarchien: Um des Machterhalts willen wird gebremst und verzögert. Wir sind aber als Kirche nicht glaubwürdig, wenn wir die Spaltung nicht überwinden. Wir wollen den Weg, den Jesus vorgezeichnet hat: »Sie sollen eins sein, damit die Welt glaubt.« Außerdem werden wir sonst als Christen auch nicht dem Reformator Martin Luther gerecht.

Moment, Ist Luther nicht gerade deshalb bei Katholiken das Problem, weil ihm immer noch die Spaltung der Kirche angelastet wird?

Der Einwand ist falsch, auch wenn er immer wieder gebracht wird. Luther wollte nicht die Spaltung der Kirche, er wollte die Erneuerung. Und genau darum geht es uns in der September-Initiative »Ökumene jetzt«. Wir wollen natürlich zunächst öffentliche Aufmerksamkeit erregen. Aber wir wollen vor allem einen Impuls auslösen, damit an der Basis Ökumene wirklich dauerhaft gelebt werden kann. Diese Forderung tragen wir von Kirchentag zu Kirchentag, jetzt sollten wir es endlich wagen: eine gelebte Ökumene, die Alltag wird und über gutgemeinte Absichtserklärungen hinausgeht.

War aus ökumenischer Sicht der Papstbesuch in Deutschland vor genau einem Jahr eine einzige Enttäuschung?

Ja, es war eine zutiefst unglückliche Begegnung. Wir haben leibhaftig erlebt, wovon uns Luther befreit hat. Es gab gespenstische Veranstaltungen, wie die Messe in lateinischer Sprache in Erfurt. Oder in Berlin die Szene im Olympiastadion, als die Gemeinde »Großer Gott wir loben dich« sang und statt Gott der Papst im Zentrum der Begeisterung stand. Nein, wenn Benedikt XVI. wirklich ein Zeichen der Versöhnung hätte geben wollen, dann hätte er zur Wartburg reisen und den Kirchenbann von Luther nehmen müssen. Stattdessen hat er ja gesagt, er sei nicht gekommen, um ökumenische Gastgeschenke zu verteilen. Das sagt alles.

Also, mit diesem Papst kommen wir in der Ökumene nicht voran?

Menschen an der Spitze der Kirchen spielen bei solchen Prozessen immer eine wichtige Rolle. Aber sie sind nicht allein entscheidend. Ich bin zum Beispiel guter Hoffnung, dass unser Aufruf die Kraft hat, viele Christen in unserem Land anzusprechen und zu begeistern.

Ständiger Zankapfel ist das gemeinsame Abendmahl. Warum ist es Ihnen als Symbol so wichtig?

Solange wir nicht gemeinsam Abendmahl feiern können, brauchen wir nicht von einer gelebten Einheit zu sprechen. Die Abendmahlfeier ist etwas ganz Zentrales, was Kirche im Innersten zusammenhält. Die Begründung der Trennung und Distanz der Kirchen – die der Kirchenspaltung 1054 n. Chr. in Ost- und Westkirche exemplarisch – sind haarsträubend, theologisch fragwürdig und eher eine Machtfrage. Doch damit sind wir ganz weit weg von Jesus.

Inwiefern?

Jesus hat gesagt, in meines Vaters Haus sind viele Wohnungen. Wir sollen in bunter Vielfalt uns auf den Weg machen ins gemeinsame Vaterhaus. Es steht niemandem zu, den anderen in den Straßengraben abzudrängen. Unser Auftrag ist es, uns in fröhlicher Unbefangenheit einzumischen, uns nicht in Selbstbeschäftigung zu verlieren und im Namen Jesu die wirklich wichtigen Probleme der Welt anzusprechen: den Hunger, die Kriege, die Unterdrückung, die Vergewaltigung der Schöpfung. Wenn wir uns um diese zentralen Fragen intensiv kümmern, sind wir auch als Kirche wieder dichter bei den Menschen.

Der frühere Magdeburger Bischof Axel Noack hat die Sorge, dass das Reformationsjubiläum 2017 verluthert.

Diese Sorge verstehe ich, aber ich teile sie nicht. Wir haben die Kraft und auch die Verantwortung als Christen im Kernland der Reformation, Kirche immer wieder zu erneuern. Ausgerechnet der Prediger des Papstes hat es beim Ökumenischen Kirchentag in Berlin auf den Punkt gebracht: Was wir heute brauchen, ist ein neuer Martin Luther. Wir müssen Jesus und seine Botschaft in den Mittelpunkt rücken und uns auf die Quellen zurückbesinnen, die Dogmen nicht über Gottes Wort stellen. Luther hat genau das getan. Seine

Tragik bestand darin, dass sein Angebot zur Erneuerung der Kirche nicht angenommen wurde. Wir haben heute in diesem Wissen die Chance, es besser zu machen.

Interview: Olaf Majer

Das Schweigen überwinden –
Friedenpolitik neu gestalten –
Ein Aufruf zu Umkehr und Orientierung

27. Januar 1995

Seit Wochen warten viele Menschen auf eine klare, mit friedenspolitischen Folgen versehene Verurteilung des Krieges in Tschetschenien durch die Bundesregierung. Bis jetzt vergeblich. Hinter dem Schweigen verbirgt sich nicht nur Unvermögen. Es liegt vielmehr in der Konsequenz der gegenwärtigen Politik. Seit dem Golfkrieg gehört die regional begrenzte, militärische Austragung von Konflikten zur Strategie internationaler Politik. (Macht-)Politische und ökonomische Interessen sollen so durchgesetzt werden.

Regierung und Parteien bleiben den Menschen die Botschaft in Wort und Tat schuldig, die die Weltversammlung der Kirchen 1948 in Amsterdam ausgerufen hat:

Krieg darf nach GOTTES Willen nicht sein.

50 Jahre nach Ende des Zweiten Weltkrieges eröffnet sich eine bittere Bilanz:

- Heute können Kriege geführt werden, ohne dass sich dagegen nennenswerter Protest erhebt.
- Eine Ächtung des Krieges als politische und moralische Unmöglichkeit findet nicht (mehr) statt.
- Die internationale Politik verkommt zur Fortsetzung des Krieges mit anderen Mitteln; und Diplomatie er-

schöpft sich darin, Kriege lediglich »erträglicher« zu machen.

- ◆ Konflikte werden durch den noch immer legalen Waffenexport geschürt.
- ◆ »Weltpolitische Verantwortung übernehmen« wird in der politischen Auseinandersetzung in Deutschland verstanden als »sich an militärischen Aktionen beteiligen können«.
- ◆ Einen Zwang, Konflikte nicht militärisch auszutragen, gibt es derzeit nicht.

Demgegenüber hatten viele Menschen nach dem Ende des »Kalten« Krieges erwartet und gehofft, dass die Erfahrungen der Friedlichen Revolution zu einer Strategie nichtmilitärischer Konfliktlösungen weiterentwickelt werden. Doch die Hoffnungen und Erfahrungen wurden den Menschen nicht abverlangt. Im Gegenteil: Während des Golfkrieges wurde das friedenspolitische Engagement vieler Bürgerinnen und Bürger als unerwünscht denunziert.

Selbst in den Kirchen wird wieder von der Unvermeidbarkeit militärischer Auseinandersetzungen bzw. vom »gerechten Krieg« gesprochen. Oft genug wird der Bürgerkrieg im ehemaligen Jugoslawien argumentativ dazu missbraucht, die Unmöglichkeit einer pazifistischen Haltung zu behaupten. Kann es da verwundern, dass der Widerspruch gegen das politische und moralische Versagen ausbleibt und viele Menschen Gleichgültigkeit an den Tag legen?! Mit Kriegsgewöhnung und Friedensmüdigkeit machen sich Politiker und Politikerinnen, jeder Bürger und jede Bürgerin aber mitschuldig an den Opfern der Kriege.

Gegen die schleichende Militarisierung der deutschen (Außen-)Politik erheben wir entschiedenen Protest.

Wer weiter davon ausgeht, dass militärische Einsätze und Aktionen irgendetwas zur Lösung von sozialen, innerstaatlichen oder regionalen Konflikten austragen können, sitzt einer gefährlichen und grausamen Illusion auf. Über 40 Kriege mit über sechs Millionen Toten im Jahr 1994 entlarven diese Illusion als schreckliche Lüge. Dieser Lüge setzen wir den befreienden und realistischen Auftrag Jesu zur Gewaltlosigkeit entgegen. Nach ihm haben wir jede Art von Gewaltanwendung in der Auseinandersetzung zwischen Menschen und Völkern radikal zu vermindern. Dies setzt eine neue, aktive Friedenspolitik voraus, in deren Entwicklung alle Bürgerinnen und Bürger einbezogen sein müssen.

Darum treten wir für eine entschlossene Umkehr ein:

+ Militär-politisches Denken und Handeln müssen ersetzt werden durch eine aktive und intelligente Politik der Gewaltlosigkeit und Gerechtigkeit.
+ Durch eine neue Ost- und Friedenspolitik müssen Bedingungen geschaffen werden, die vorhandenen Konflikte nichtmilitärisch auszutragen.
+ Soziale Gerechtigkeit und eine gleichberechtigte wirtschaftliche Entwicklung zwischen Ost und West, Nord und Süd müssen zum ersten Ziel internationaler Politik werden.
+ Waffenexporte müssen ohne jede Einschränkung verboten und unter Strafe gestellt werden.

• Deserteure aus den Kriegsgebieten müssen in Deutschland Schutz und rechtliche Anerkennung finden.

Auch im eigenen Land sehen wir die große Gefahr, dass soziale Ungerechtigkeiten und das zunehmende Sicherheitsbedürfnis vieler Bürgerinnen und Bürger zu Entfremdungen und Spaltungen in der Gesellschaft, zur Militarisierung des Denkens und zur zivilen Aufrüstung (Privatbewaffnung) führen. Die Bereitschaft, bei der Austragung von Konflikten immer frühzeitiger auf Gewalt zu setzen, bedroht den inneren und äußeren Frieden. Wir sehen einen Zusammenhang zwischen der zunehmenden Gewalt im eigenen Land und der zunehmenden Bereitschaft der Politik, sich an Kriegen zu beteiligen. Dem um sich greifenden Prinzip »Konfliktlösung durch Konfliktvernichtung« möchten wir das von JESUS geforderte Lebensrecht auch für den Feind entgegensetzen.

Es ist allerhöchste Zeit, einen neuen gesellschaftlichen Konsens zu finden, in dem kriegerische Auseinandersetzungen zur politischen und moralischen Unmöglichkeit werden. Kriege – ihre Vorbereitung, Förderung, Durchführung und Duldung – dürfen weder durch die Politik noch durch Religionen und Kirchen eine Rechtfertigung erfahren. Denn Krieg zerstört nicht nur millionenfach Menschenleben. Er zerstört auch alle Werte, die menschenwürdiges Zusammenleben erst ermöglichen.

Wir erinnern an das Wort des früheren Bundespräsidenten Gustav Heinemann:

»Nicht der Krieg [...], sondern der Frieden ist der Ernst-
   fall,
in dem wir alle uns zu bewähren haben.
Hinter dem Frieden gibt es keine Existenz mehr.«

Wer sich hinter dem Frieden die Möglichkeit des Krieges
offenhalten will, vernichtet schon jetzt menschliche Existenz. Wer will diese Anmaßung verantworten?!

Pfarrer Christian Wolff,   Pfarrer Christian Führer,
Thomaskirche   Nikolaikirche

Dritte Ordentliche
DGB-Landesbezirkskonferenz Sachsen

28. Februar 1998, Gewandhaus zu Leipzig

Ich grüße Sie, die Teilnehmerinnen und Teilnehmer der Landesbezirkskonferenz des DGB Sachsen, und begrüße das Motto: »Deine Stimme für Arbeit und soziale Gerechtigkeit.«

Die Sorge hat inzwischen alle verantwortlich lebenden Menschen, und die Betroffenen sowieso, erfasst! Denn ein Gespenst geht um in Deutschland, die Arbeitslosigkeit!

Menschen meiner Generation, im Krieg geboren, hielten dieses Gespenst für eine Erscheinung, zuletzt 1929–1932 gesichtet, eine Art Gesellschaftsseuche, die einen ähnlichen Stellenwert im Kopf einnahm wie Pest und Cholera des Mittelalters – unendlich fern, vergangen, gewesen!

Nun ist sie wieder ausgebrochen, diese Gesellschaftsseuche, hat sich als resistent gebliebenes Virus im gedankenlos wohllebenden Leib der Wohlstandsgesellschaft heimlich und mächtig entwickelt und beschert uns einen flächendeckenden Aschermittwoch, um den die so richtigen Reden und Vorschläge in Politik, Wirtschaft und Kirche hilflos herumdümpeln wie Büttenredner beim Karneval.

Auf dem Gepäckträger eines Fahrrades ein Pappschild: »Keine Wohnung. Kein Job. Kein Geld. Keine Ahnung, wie es weitergehen soll.« Mit letzter Bemerkung hat die oder derjenige jedenfalls den Schulterschluss mit der Bundesregierung hergestellt – oder mit uns allen? Ist das womöglich die Wahrheit unter allen Masken? Ist das der

118

eigentliche Grund all dieser rätselhaften Mut-, Kraft- und Hoffnungslosigkeit: »Keine Ahnung, wie es weitergehen soll.« Das zuzugeben, wäre schon etwas.

Jedenfalls darf die Realität nicht permanent weiter so verdrängt werden, sonst schiebt sie sich ungefragt mit zerstörerischer Gewalt in die Öffentlichkeit. Die Anzeichen dafür mehren sich bereits. Auch dürfen mögliche neue Lösungen nicht länger durch Einschaltquoten- und Wahlängste der Verantwortlichen verhindert werden.

Eine Vision oder Realutopie oder wenigstens eine erfrischende Nah-Hoffnung braucht im Denken freien Raum, der nicht durch die verbrauchten Rezepte der Vergangenheit hoffnungslos zugestellt ist.

Der erste Schritt also: entrümpeln. Sagen, wie's wirklich ist. Mut zur Wahrheit in der Öffentlichkeit.

»Ihr werdet die Wahrheit erkennen, und die Wahrheit wird euch freimachen«, sagt JESUS.

Fangen wir an mit der Entmythologisierung gängiger Formeln, Begriffe und Ansichten!

* Schluss mit der Lüge: Das Geld arbeitet! Wir haben's alle noch nicht arbeiten gesehen! Vielmehr muss unser Verhältnis zum Geld neu geklärt werden, wer der Herr und wer der Sklave ist, und, damit zusammenhängend, die einseitige und sehr eigenwillige Häufung dieses Artikels. Wenn zu DDR-Zeiten Engpässe auftraten – und das war gewissermaßen der Normalfall –, dann wurde das mit der »Streuung« erklärt. »Es ist genug da, es liegt nur an der Streuung!« Könnte das mit dem Geld ähnlich liegen: Es ist genug da, es liegt nur an der »Streuung«?

- Schluss mit der Lüge: Wirtschaftswachstum schafft automatisch Arbeitsplätze! Das stimmt in der Praxis doch hinten und vorn nicht mehr! Und außerdem: Wohin soll die Wirtschaft noch wachsen, und wofür soll sie noch wachsen? Wenn allein die Chinesen auf solchem Lebensstandart leben wollten wie wir in Deutschland, die Erde könnte es nicht ertragen!
- Schluss mit der Lüge: Privatisierung als Allheilmittel! Denn Privatisierung heißt hierzulande immer zuerst: Stellenabbau. Hemmungslose Privatisierung als alleinige Lösung der anstehenden Wirtschafts- und Gesellschaftsprobleme ist ähnlich untauglich wie die hemmungslose Enteignung im Sozialismus. Zudem haben wir kaum mehr etwas zu privatisieren, wenn wir von Bundeswehr und Bundestag absehen wollen.
- Schluss mit der Lüge: 100 Prozent Arbeit und 100 Prozent Lohn für alle! Da schiebt man doch den Schwarzen Peter von einem zum andern. Heraus kommt am Ende eine erneute Teilung der Gesellschaft in immer weniger Privilegierte, die 100 Prozent Arbeit besitzen, und immer mehr »Normale«, die null Prozent Arbeit »besitzen«. Vielmehr muss über das Verhältnis Leben – Arbeit – Gerechtigkeit neu nachgedacht werden!

Das Ziel muss sein, dass alle, die arbeiten wollen und arbeiten können, an Arbeit und Lohn beteiligt werden!

Hier muss ein Grundkonsens in Deutschland entstehen zwischen Jung und Alt, zwischen Arbeitgebern und Arbeitnehmern, zwischen Gewerkschaftern und Nichtorganisierten, überparteilich, interkonfessionell, dem Ganzen verpflichtet.

Das als zweiter Schritt auf dem Weg in eine Zukunft in Solidarität und Gerechtigkeit! Überlegungen in diese Richtung gibt es längst.

- »Intelligent umgesetzte Arbeitsverkürzung« (Zitat) zum Beispiel,
- Abbau von Überstunden zum Beispiel.

Und Sie wissen ja: Der Kirchenschlaf ist der gesündeste! Das kann man von der Sonntagsarbeit als Überstunden- und Mehrarbeit nun nicht gerade behaupten. Wobei wir es nicht auf die Alternative »Kirchenschlaf statt Sonntagsarbeit« beschränken wollen.

Noch haben wir Spielraum zum Denken und Handeln! Nutzen wir ihn friedlich: »Arbeit schaffen ohne Waffen!« Friedlich ja, aber mit der systemverändernden Kraft von 1989!

Ich persönlich habe die Erfahrung gemacht: Kämpfen lohnt immer! Der Glaube hält durch! Der Kleinglaube wird beschämt.

In diesem Sinn wünsche ich Ihnen einen guten Konferenzverlauf.

Christian Führer

Rede anlässlich »Leipzig. Gesicht zeigen.« – Anti-Nazi-Demonstration

1. September 2001, Leipzig, Augustusplatz

Liebe Mitmenschen aus Leipzig, Sachsen und Deutschland!

So ein Zufall! Da wollen die Gesinnungsbraunen von überall her durch die Stadt marschieren – und nun sind wir alle da!

Zur richtigen Zeit. Am richtigen Ort. Fünf vor zwölf.

Auf die Leipziger ist Verlass! Wenn es darauf ankommt, sind sie da! Denn es gehört heute schon wieder Mut dazu, hier zu sein.

Sie wollen ihre Stiefel auf unsere Straßen setzen, um wiederzubeleben, was längst in den Abgrund gefahren ist. Heute, am 1. September, 62 Jahre nachdem der Faschismus den Abgrund des Zweiten Weltkrieges auftat und über 50 Millionen Menschen mit in den Tod riss, wollen Anhänger dieser Vergangenheit aufs Neue Menschenseelen vergiften und mit dem Marschtritt von damals Nächstenliebe und Tatsachen-Wahrheit zertreten. Mit der Parole »1. September, damals wie heute, für Freiheit, Frieden und Selbstbestimmung« schlagen sie die Wahrheit tot und verhöhnen unverhohlen die Demokratie, die Menschen und die Stadt der Friedlichen Revolution.

Das Oberverwaltungsgericht Bautzen hat zum zweiten Mal gegen die Stadt entschieden.

Bernd-Lutz Lange und ich und andere fragen sich ernsthaft, wie denn die Parolen aussehen müssten, um solche unsäglichen Veranstaltungen nicht zuzulassen.

»Es lebe der Zweite Weltkrieg – der Endsieg steht noch aus« – würde das genügen?

Für heute meinen die Bautzener Richter, ihr Beschluss sei unanfechtbar. So dürfen sie marschieren und sich versammeln, die »freien Kameradschaften« mit ihren Rednern, u. a. zwei Angehörigen der »Erlebnisgeneration«, sprich der ehemaligen Waffen-SS. Unter dem Schutz der Polizei eines demokratischen Staates geschieht das alles, wie schon einmal, in der Weimarer Republik. Wir alle sollten in diesem, in unserem Land sehr genau aufpassen, dass die

Recht-Sprechung nicht zur Rechts-Sprechung wird.

Und ich hoffe doch sehr, dass die Richterinnen und Richter aus Bautzen heute hier unter uns sind und nicht irgendwo ihr freies Wochenende genießen, während Tausende von Polizistinnen und Polizisten getrennt von ihren Familien das Wochenende unterm Helm verbringen dürfen und wir als Steuerzahler noch ein Schweinegeld dafür bezahlen müssen!

Vor nicht allzu langer Zeit hat ein führender Kopf in unserem Land vom

»Aufstand der Anständigen« gesprochen.

Angesichts der jetzigen Lage sollten wir lieber über den »Anstand der Zuständigen« diskutieren.

Und vielleicht auch miteinander über den »Zustand der Aufständischen« heutzutage nachdenken und, was Gewaltbereitschaft für Folgen hat. Es gibt Mittel, die jeden

Zweck entheiligen: Das gilt in jedem Fall für gewaltsame Konfrontation. »Deutschland den Krieg erklären« finde ich weder witzig noch friedlich.

Welche Bilder werden heute aus Leipzig ins Land gehen? Werdet Ihr alle zu sehen sein – Vertreterinnen und Vertreter so vieler unterschiedlicher Gruppierungen, Einwohner dieser Stadt und anderer Dörfer und Städte, die Gesicht zeigen, damit Deutschland nicht das Gesicht verliert?

Die sich verantwortlich fühlen für die Zukunft unseres Landes?

Es werden kommen, sagt JESUS, *von Osten und von Westen, von Norden und von Süden, die zu Tisch sitzen werden im REICH GOTTES* (Lk 13,29). Ein Wort der Verheißung und der Zukunft.

Es werden kommen, sagt JESUS. Nicht marschieren. Die Zukunft liegt nicht im Marsch.

Von Norden und Süden, Osten und Westen, sagt JESUS. Ortsangabe ohne religiöse, politische, weltanschauliche oder nationale Beschränkung.

Und zu Tisch sitzen, sagt JESUS. Nicht aufeinander losgehen, nicht aufeinander eindreschen mit Worten, Fäusten und Knüppeln.

An diesen Tisch der Verheißung und Zukunft gehören auch die, die heute noch ins Abseits marschieren. Denn auch sie sind irgendeiner Sohn oder Mann oder Vater, irgendeines Schwester oder Bruder, sind letztlich unsere Schwestern und Brüder, die wir nicht aufgeben und fallen lassen dürfen.

»Keine Gewalt!«, »Wir sind das Volk!« waren und sind lebendiger Ausdruck einer einzigartigen Kraft, die die

Friedliche Revolution gelingen ließ. Aber auch der Ruf: »Schließt euch an!« gehört dazu, damals wie heute!

Lernen, entwickeln, pflegen wir unermüdlich und immer neu die Kraft der Entfeindung und der Integration!

Dann wird es in Nord und Süd, in Ost und West heißen:

Schaut auf diese Stadt! Und wir können sagen: Wir sind dabei gewesen!

Ich bin stolz, ein Leipziger zu sein!

Erwiderung zur Verleihung des Johann-Philipp-Palm-Preises

1. Advent, 1. Dezember 2002, Schorndorf

Liebe Damen und Herren!

Eine tunesische Journalistin und ein Leipziger Pfarrer, die sich dazu nie begegnet sind, was haben die gemeinsam?

Den Johann-Philipp-Palm-Preis für Meinungs- und Pressefreiheit, erstmals verliehen, zurückgehend auf den persönlichen Mut eines Einzelnen gegen die Arroganz der Macht eines Einzelnen im »Deutschland in seiner tiefen Erniedrigung.«

Herzlich danke ich Ihnen für diese Ehrung, in der der Mut oder besser gesagt die Überwindung der Angst vieler Einzelner geehrt wird, die die Bergpredigt JESU zusammenfassten in dem Ruf »Keine Gewalt« und diesen Ruf nicht nur skandierten, sondern konsequent praktizierten und damit ein Wunder biblischen Ausmaßes auslösten. Die mit dem Ruf »Wir sind das Volk« eine Zivilcourage entwickelten, die wir in dieser Breite in Deutschland seit 1933 so schmerzlich vermissten.

Das alles war so ziemlich genau das Gegenteil von dem, wozu die Menschen erzogen worden sind. Die politischen suggestiven und repressiven Entmündigungsmechanismen sind weitgehend bekannt. Wie aber wuchs das Kind zu Hause auf im trauten Kreis der wohlmeinenden Familie?

»Drängle dich, Kindlein, nie vor!
Wenn du singst, singe im Chor.
Halte dich stets in der Mitte:
Hinten und vorn gibt es Tritte!
Angenehm lebt in der Welt,
wer heimlich beißt und nicht bellt.«
(Ensikat, »Herkuleskeule«, Dresden)

Das macht keine Revolutionäre. Das bringt keine Protestanten hervor. Da hätten das privilegierte und mauergeschützte Wohlstandsleben im Westen und das grautriste und mauergesicherte Ghettoleben im Osten des geteilten Deutschlands noch lange vor sich hin existiert. Wenn nicht … Wenn nicht auch andere Gedanken und Vorstellungen die Menschen ergriffen hätten.

Mir persönlich stand immer die Frage vor Augen: »Was würde JESUS dazu sagen?«

Da geht es schon los mit den Schwierigkeiten. Denn JESUS sagt: *Ihr seid das Salz der Erde.* (Mt 5,13a) Nicht die Creme? Nicht die Oberschicht? Salz also. Hineinwirken in die Gesellschaft also. Nicht bei sich bleiben. Sich einmischen. Denn keine Weltanschauung oder Wirtschaftsordnung, kein Staat und kein System sind heilig zu sprechen. Müssen im Sinne JESU vermenschlicht werden. Brauchen das Salz, damit das Ganze nicht ungenießbar wird. Brauchen das Salz, damit das Ganze nicht verfault. Brauchen das Salz, um das Eis der Entsolidarisierung und die Starre der Gewohnheit aufzutauen. Brauchen die Wenigen, die sich in die Masse hineinwagen. So ist das bis heute. Und so haben wir uns auch dieser Gesellschaft nicht angepasst.

Der Theologe Dietrich Bonhoeffer hat nach zehn Jahren Faschismus 1943 die Frage gestellt: »Sind wir noch brauchbar?« Dieser Frage müssen auch wir uns immer wieder stellen, sie uns wie Bonhoeffer von JESUS gefallen lassen, DER vom Salz weiter sagt:

Wenn nun das Salz seine Wirkung verliert, womit soll man salzen? Es ist zu nichts mehr nütze, als dass man es fortschüttet und von den Leuten zertreten lässt. (Mt 5,13b)

Nach einer Kirchenführung kam eine Frau aus den alten Bundesländern zu mir, sagte voller Anerkennung und Bewunderung: »Dass Sie das geschafft haben gegen diese Diktatur!« Um im Blick auf die Gegenwart resigniert fortzufahren: »Aber gegen die Macht des Geldes kommen auch Sie nicht an.«

Wenn wir uns 1989 ernsthaft gefragt hätten, ob wir gegen das DDR-Regime mit all seiner militärischen und paramilitärischen Macht ankommen könnten, ob wir womöglich gar so etwas wie eine Revolution schaffen würden, und all das noch friedlich, hätte es nur eine Antwort gegeben: Niemals!

Aber das ist eben das Besondere. JESUS sagt nicht: »Könntet ihr vielleicht die Salzrolle in der Welt übernehmen; traut ihr euch zu, Salz zu sein?

Jesus sagt einfach *Ihr seid das Salz der Erde.* Indikativ. Präsens.

Und so sind wir es also, Salz der Erde. Sagen das Wort und mischen uns ein.

- Warnen vor dem Präsidenten, der durch die Welt zieht, um die Staaten und Völker zum Krieg einzuladen.
- Denken dagegen an und stehen dagegen auf, wenn Neonazis mit ihren gewaltverherrlichenden Parolen auf unsere Straßen wollen.
- Versuchen, die Oppositionsparteien darauf aufmerksam zu machen, dass Wahlkampf und Bundestagswahl bereits vorbei sind – und die Regierungskoalition, dass sie nun wirklich regieren darf und nicht mehr länger warten muss.
- Weisen penetrant darauf hin, dass – Hartz hin oder Hartz her – der Skandal der Arbeitslosigkeit in dieser Größenordnung beseitigt werden muss.
- Müssen den Menschen vermitteln, dass Demokratie nicht ohne das Volk funktioniert und Einkaufen kein Lebenszweck ist.
- Fragen scheinbar naiv, dazu nachhaltig, ob die Demokratie notwendigerweise mit gnadenloser Marktwirtschaft gekoppelt sein muss.
- Und rütteln an den Grundfesten mit der Feststellung: Der zweite Teil der Revolution steht noch bevor.

Es ist undenkbar, dass es nicht ausreichend kluge Menschen in Politik, Wirtschaft und Gesellschaft gibt, die Ursachen und Wirkungen genau kennen, dazu taugliche Lösungsversuche.

Aber es fehlt an Zivilcourage: ohne Rücksicht auf Stellung und Gehalt das offene, wahre und womöglich unpopuläre Wort zu sagen und umzusetzen. So müssen die führenden Personen in Politik und Wirtschaft also zunächst Palm-Preis-würdig gemacht werden, damit wir nicht wieder »Deutschland in seiner tiefen Erniedrigung« betrauern und beklagen müssen.

Das Preisgeld übrigens kommt in voller Höhe unserem kirchgemeindeeigenen Kindergarten zugute.

Danke.
Pfarrer Christian Führer

Predigt über Mk 12,1–12

Sonntag Reminiscere, 16. März 2003, St. Nikolai

Liebe Gemeinde!

Gerade jetzt fragen wir uns immer wieder, warum so viel Gewalt unter uns Menschen ist, warum unsere menschliche Geschichte immer wieder bestimmt ist von gewaltsamen Auseinandersetzungen bis hin zum Mord an Zoran Djindjic und zum drohenden Krieg gegen den Irak. Ist die Wurzel all dieser Gewalt nicht letztlich der Anspruch auf Macht und Besitz, der Anspruch auf immer mehr, einhergehend mit dem völligen Vergessen, von WEM wir alles haben, anvertraut bekommen haben?

Ist das nicht ein tiefes Drama, dass wir Menschen das Anvertraute als Eigentum reklamieren wollen – und dadurch in immer härtere Gangart verfallen bis hin zum gnadenlosen Machtkampf?

Schon in der Urgeschichte vom Paradies taucht diese Problematik auf. Da hat GOTT das Paradies für die Menschen geschaffen zur umfassenden Nutzung, zum kostenlosen Gebrauch. In der Mitte des Gartens der unberührbare Baum als Zeichen dafür, dass das ganze Paradies unverändert weiter GOTT gehört. Doch der Mensch greift auch nach diesem Baum, er selbst will Herrscher über *alles* werden. Damit verdrängt er GOTT gewissermaßen aus dem Paradies, indem er es als sein Eigentum erklärt. Da verliert das Paradies seinen gottgestifteten Charakter und wird zum Schauplatz von Machtansprüchen und Gewalt. Das Paradies ist zur politischen Landschaft geworden und kein Paradies mehr. Wo das Paradies war, ist heute der Irak. Unsere ganze Erde, dieses Paradies GOTTES, ist zum Tummelplatz von Besitz- und Machtansprüchen verkommen.

JESUS greift in SEINEM Gleichnis von den Weingärtnern diese Problematik auf. Dabei geraten alle Zuhörer in tiefe Unruhe bzw. Bestürzung. Die religiösen Leitfiguren damaliger Zeit erkennen sich in den Pächtern, die Jüngerinnen und Jünger in den beschimpften und misshandelten Boten des Weinbergbesitzers, sprich GOTTES, wieder und begreifen JESUS als SOHN DESSELBEN, DEN die Menschen schließlich umbringen werden.

Ein Mann pflanzte einen Weinberg und zog einen Zaun darum und grub eine Kelter und baute einen Turm und verpachtete ihn an Weingärtner und ging außer Landes ...

So geht es immer los. GOTT schafft unsere Lebensgrundlagen, schenkt uns Leben und Lebensmöglichkeiten. Und wir leben los. Der Weinberg ist schön. Aber es muss gearbeitet werden darin. Selbst die Früchte fallen nicht von selbst in die Behältnisse: Arbeit steckt drin. Das Leben fällt uns nicht in den Schoß. Und je mehr der Mensch darin investiert, je mehr er Leistung eingebracht hat, umso mehr betrachtet er alles als seins, vergisst, von WEM er alles hat, WER ihm Kraft und Gelingen gibt. Der verhängnisvolle Schritt vom Anvertrauten zum Eigentum ist vollzogen! Und von jetzt ab beginnt das permanente Verdrängen und schließlich Vergessen GOTTES. Die unbequemen Mahner dieser Selbstsicherheit und

GOTT-Vergessenheit werden mehr oder weniger weggedrückt. Der Kampf der Besitzergreifung und darauffolgenden Besitzstandswahrung beginnt, der keine Gnade kennt.

Die Spur dieser Verkehrtheit reicht vom kleinen persönlichen Bereich bis in die große Politik.

- Wer seinen Ehepartner nicht mehr als von GOTT anvertraut versteht, sondern als Eigentum, beginnt zu herrschen, tötet die Liebe, verliert GOTT aus den Augen.
- Wer seine Kinder nicht mehr als Gabe GOTTES versteht, sondern als sein Eigentum, wird ihnen seinen Willen aufzwingen unter der Formel: »Ich will ja nur dein Bestes« und treibt sie bei entsprechendem Alter aus dem Haus, hat GOTT aus den Augen verloren.
- Wer Gottesdienste, Friedensgebete und Demos nicht mehr als GOTTES-Geschenk an uns versteht, sondern als eigene Leistung und Erfolgsstory, verspielt den Segen GOTTES und wird das Wunder nicht erleben.
- Wer sein Amt als Geschäftsführer oder Betriebsleiter nur als Instrument des Bestimmens und Geldverdienens ansieht, hat seine Mitarbeiter nicht mehr im Blick und GOTT erst recht nicht!
- Wer Präsident, Bundeskanzler, Premier oder Staatschef ist und dieses Amt nicht als ihm anvertraut zum Wohl seines Volkes und das der anderen sieht, sondern als reines Instrument der Machtausübung, hat GOTT verdrängt oder vergessen und trägt kräftig dazu bei, dass der innere und äußere Frieden zerbricht.

Dass das keine rein moderne Entwicklung ist, zeigt JESUS im Gleichnis. Der Prozess der Säkularisierung, der GOTT-Vergessenheit ist ein permanenter Vorgang, mit dem wir immer wieder zwanghafte und gewaltsame Verhältnisse produzieren, ob wir wollen oder nicht.

Da sandte ER einen Knecht ... abermals sandte ER einen Knecht ... Und er sandte noch andere ... Da hatte ER noch einen SEINEN geliebten SOHN, DEN sandte ER als Letzten zu ihnen ...

GOTT will keine Zwangsbeglückung, keine Zwangsbekehrung. In unerhörter Geduld und mit unerhörtem Einsatz sendet ER Boten um Boten, Propheten, Apostel, Evangelisten, Prediger, gläubige Jüngerinnen und Jünger, Frauen und Männer in diese Welt, die SEIN Weinberg ist, und schließlich JESUS selbst in die GOTTES-Ferne der Macht: der Macht der Wirtschaft, der Macht des Militärs, der Macht des Geldes, der Macht der Medien, der Macht der Religionen, Ideologien und Weltanschauungen. Das konnte ja nicht gut gehen!

Tot schlugen sie IHN. Nagelten die Wahrheit mit IHM ans Kreuz. Und stellten sich vor: Jetzt wird es nie wieder jemanden geben, der ihre Macht kritisiert, relativiert, korrigiert!

Doch wer GOTT verdrängt oder vergisst oder am Kreuz töten will, kennt GOTTES Kraft und Liebe nicht! Mit der Auferstehung JESU setzt GOTT ein Ende der Gewalt und ein weltweites Zeichen gegen Hass, Gewalt und Tod!

Und seitdem setzen sich Menschen mit GOTTES Kraft und Hilfe ein gegen alle Formen von Hass, Gewalt und Tod!

Wir tun das hier in Leipzig in dieser bedrohlichen, kriegsbedrohlichen Situation mit Friedensgebet und Friedensweg, morgen wieder um 17 Uhr! Die Situation ist todernst! Bundeskanzler Schröder hat unnötigerweise gesagt, dass nun auch er den Krieg für unvermeidbar hält. Verteidigungsminister Struck hat unnötigerweise signalisiert, dass verwundete Soldaten und Kriegsgefangene in Deutschland behandelt werden. Wird Deutschland unnötigerweise weich, während die Front der Kriegsbefürworter bröckelt und die Kriegsgegner weltweit immer deutlicher ihr NEIN zu einem möglichen Krieg sichtbar und hörbar machen?

Wir jedenfalls beten darum, dass GOTT diesen Krieg unmöglich macht, und treten öffentlich dafür ein! Denn wir wissen, dass GOTT keine Sache unmöglich ist. Aber auch, dass GOTT nicht endlos zusieht, wenn unverhohlen auf Gewalt gesetzt und Gewalt geübt wird.

Was wird ER tun? ER ... wird den Weinberg anderen geben.

Das sollten sich die Kriegsbefürworter heute sehr vor Augen halten, dass es auch ihnen so ergehen könnte wie den Pächtern im Weinberg. Dass die, die heute noch die Macht haben, diese schnell verlieren könnten. Dass »wer das Schwert zieht, durch das Schwert umkommen wird.« Dass »die auf Gewalt setzen, schlecht dran sind, denn ihnen wird die Erde nicht gehören. Ihre Zeit ist abgelaufen.« So bitte ich uns alle heute und hier: Haltet morgen mit das Friedensgebet! Ladet alle, die ihr kennt, dazu ein und zum anschließenden Friedensweg! GOTT kann unser Gebet mit Herzen, Mund und Händen und unseren Weg mit Herzen, Mund und Füßen segnen, wie wir es uns nicht vorstellen können! Es ist gut, wenn wir dann selbst dabei gewesen sind.

Gut für uns, unsere Kirche und unser Land!

Amen.

Politisches Nachtgebet zu Ps 146,7c

3. Juni 2011, Kreuzkirche Dresden

Liebe Nachtgebetsgemeinde!

Wir sind nachts hier in der Kreuzkirche zusammengekommen.

Nicht, weil wir etwas zu verbergen hätten.

Im Gegenteil: Wir wollen etwas ans Licht bringen!

Nicht, weil wir Angst haben.

Im Gegenteil: Wir sind mit Hoffnung infiziert!

Wir wollen in der Nacht über die Dunkelheiten der Menschheit nachdenken.

Denn seit Kain und Abel durchzieht eine Spur der Gewalt die Menschheitsgeschichte ohne Unterbrechung. Zuletzt fällt den Menschen immer nur die Gewalt ein zur Lösung von Konflikten. Oftmals aber auch gleich als Erstes, weil es am einfachsten ist, obwohl sie die schlechteste aller Möglichkeiten bedeutet. Und eine wirkliche Lösung nicht schafft.

Frieden kommt eben nicht mit Gewalt, erst recht nicht mit aller Gewalt.

Die Gewalt als Schande und Krankheit der Menschen hat JESUS entlarvt. SEINE Verhaftung, SEIN dornengekröntes Haupt voll Blut und Wunden, SEIN gefolterter Körper, SEIN qualvoller Tod am Kreuz zeigen, wozu der Mensch fähig ist, was der Mensch dem Menschen antut, gnadenlos.

Durch SEINE Auferstehung aber ist das Fluchholz des Kreuzes zum Segenszeichen geworden, dass GOTT der

Gewalt nicht das letzte Wort lässt, dass GOTT uns zur Solidarität mit den Gequälten, Gefangenen, ungerecht Behandelten, Erniedrigten und Beleidigten bringen will. »Zu widerstehen, wo der Hass neu wirbt. Zu widerstehen, wo die Liebe stirbt. Zu widerstehen aller dumpfer Gewalt in GOTTES Namen«! (Jörn Philipp)

Auferstehung ist die krasseste Form von Befreiung, Befreiung von Gewalt und Tod.

Und die Befreiung aus Unterdrückung und Gefangenschaft gehört in das Befreiungskonzept GOTTES gegen alle Spielarten von Gewalt und Tod.

So wie es Israel in der Befreiung aus ägyptischer Sklaverei erfahren hat. So wie es Ps 146,7 generell ansagt: *GOTT, der HERR, macht die Gefangenen frei.*

Eine eindeutige Option, unmissverständlich.

Eine klare Ansage, auf wessen Seite die Verheißung und Zukunft liegt.

Aber die Verursacher von Unterdrückung und Gefangenschaft, Gewaltherrscher, Generalsekretäre, oder wie sie sich nennen, interessiert das einen Dreck, da sie sich selbst die Höchsten sind.

Es gehört zu den Besonderheiten der Friedlichen Revolution 1989 in der DDR, dass der realsozialistische Machtapparat, dass die sozialistischen Planer der Ewigkeit ausgerechnet an der Kirche gescheitert sind, auf die sie als »Sieger der Geschichte« dummdreist herabgeblickt oder die sie als angebliches Relikt der Vergangenheit mild belächelt hatten.

• Dass Friedensgebete für Gerechtigkeit, Frieden und Bewahrung der Schöpfung zum Rückgrat der Friedlichen

Revolution wurden, aus denen sich die Demonstrationen entwickelten!

- Dass die Alternative des Bergpredigers JESUS von Nazareth, die Macht der Gewaltlosigkeit, die Partei- und Weltanschauungsdiktatur zum Einsturz brachte!
- Dass die Kirchen nicht den ihnen zugewiesenen Platz als Dienstleistungsbetriebe zur Befriedigung religiöser Bedürfnisse einnahmen, sondern zu Häusern der Hoffnung und Zellen des Aufbruchs wurden für ein ganzes, seit 1961 eingemauertes Volk!
- Eine Revolution, die aus der Kirche kam und deshalb ohne Gewalt ablief!

Einfach unglaublich!

Und dass Honecker am Ende mit seiner Margot, als auch nicht ein einziger der ehemaligen Genossen und Fähnchenschwenker ihn aufzunehmen bereit war, ausgerechnet bei einem Pfarrer und seiner Familie, bei Pfarrer Holmer in Lobethal, unterkriechen musste und Schutz und Zuflucht fand: Das signalisierte eindrücklich, auf wessen Seite Verheißung und Zukunft liegen.

Und auch das muss gesagt werden, was leider nicht so selbstverständlich war, wie es hätte sein müssen und wie es mir Heinrich Albertz aus Westberlin damals sagte: »Was ihr da gemacht habt! Die Kirche endlich einmal bei ihrem HERRN auf der richtigen Seite! Bei den Unterdrückten und nicht bei den Unterdrückern, beim Volk und nicht bei den Mächtigen!«

Der HERR macht die Gefangenen frei. (Ps 146,7)

Eine eindeutige Option, unmissverständlich.

Eine klare Ansage, auf wessen Seite die Verheißung und Zukunft liegt.

Und eine ebenso klare Ansage, auf wessen Seite wir zu stehen haben!

Das war uns auch klar, als zwei Leipziger Ingenieure im Irak als Geiseln entführt worden waren. Friedensgebete in und Mahnwachen an der Nikolaikirche waren die Option für die gefangenen Geiseln.

Mit Ps 126,4.5: *HERR, bringe zurück unsere Gefangenen, wie DU die Bäche wiederbringst im Südland. Die mit Tränen säen, werden mit Freuden ernten,* brachten wir unsere Hoffnung zum Ausdruck. Auf die besorgte Anfrage von Journalisten, was ich denn zu sagen gedenke, wenn man den beiden den Kopf abschneidet, antwortete ich: »Sie können sich schon einmal auf einen Dankgottesdienst einstellen! Denn wir beten nicht an die Wand oder in die Luft, sondern zum lebendigen GOTT.«

Und nach 27 Friedensgebeten und Mahnwachen war es tatsächlich geschehen: Die Geiseln sind frei!

So konnten wir am 8. Mai 2006 einen wunderbaren Dankgottesdienst in der überfüllten Nikolaikirche feiern mit einer besonderen Gemeinde von Muslimen, Nicht-christen, Atheisten, Christen und solchen, die normalerweise »an nichts« glauben.

Der HERR macht die Gefangenen frei. Ps 146,7 war für uns wieder lebendige Gegenwart geworden.

Heute Nacht geht unser Blick nach Tschetschenien und Russland. Was wir soeben gehört haben spricht eine eigene Sprache, die erschüttert. So groß wie das Land sind auch das

Unrecht und der »Rechtsnihilismus«, dem der russische Präsident Medwedew bei seinem Amtsantritt ausdrücklich den Kampf angesagt hat. Ende Oktober 2010 wurde in der »Berliner Erklärung« im Zusammenhang mit der Ausstellung »Der Fall Chodorkowski – Bilder des Unrechts« von deutschen Prominenten und anderen Unterzeichnern das Ende des Unrechts und eine unabhängige Justiz in Russland gefordert. Von Bürger- und Menschenrechtlern in Russland wurde dies als ein Signal der Solidarität verstanden. Chodorkowskis Berufung wurde am 24. Mai 2011 abgelehnt, die Gefängnisstrafe lediglich von 14 auf 13 Jahre verkürzt. Ein Hohn auf Recht und Menschenwürde!

In Leipzig haben wir 2009 ein Zeichen gesetzt. In Anwesenheit der Mutter, Frau Chodorkowskaja, und eines Verteidigers wurde im Leipziger Gewandhaus ein Konzert unter dem Motto »Die Hand reichen – Solidarität mit politisch Verfolgten« als Zeichen der Verbundenheit gegeben. Ich habe es mit einem Gebet eingeleitet. Gespielt wurden die 4. Symphonie mit dem Titel »Die Engel« von Arvo Pärt, der selbst anwesend war, und »Stilles Gebet« von Gija Kancheli. Beide Werke sind Michail Chodorkowski und allen anderen politischen Gefangenen Russlands gewidmet. Wir haben mit diesem Konzert allen zu Unrecht Gefangenen und ihren Angehörigen die Hand gereicht und die Hoffnung in die Hände gelegt: *Der HERR macht die Gefangenen frei!* (Ps 146,7)

Unser Anliegen und unsere Aufgaben bleiben ungebrochen aktuell:

- Das Unrecht ans Licht zu bringen!
- Die Menschen hinter Gefängnismauern, in Folterzellen, in einsamer Verbannung dem Vergessen zu entreißen!
- Das Schweigen zu brechen über Gewalt und Ungerechtigkeit!
- Über alle Grenzen hinweg, durch alle Mauern hindurch Verbundenheit und Solidarität auszudrücken und Hoffnung zu säen!

Dabei geraten wir selbst immer wieder in Konflikte mit denen »da oben«, die sich in ihrem Herrschaftsanspruch in Frage gestellt und in ihrem Machtmissbrauch bloßgestellt sehen, zu Recht, und mit uns selbst, mit unserer Angst, selbst etwas abzukriegen von dem Schrecklichen derer, für die wir eintreten.

So wie die Jünger flohen bei der Verhaftung von JESUS.

So wie es selbst den mutigen Petrus kalt erwischte, als er im Hof des Palastes, in den man JESUS zum Verhör gebracht hatte, vor zwei Reinigungskräften und einigen vom Wachpersonal einknickte und dreimal abstritt, JESUS auch nur zu kennen!

1993 hat Regine Hildebrandt gesagt:

»Die da oben? Die da unten?
Und wo bin ich?
Mittendrin.
Nah genug, um den einen auf die Füße zu treten
und den anderen auf die Füße zu helfen.«

Billiger geht es nicht als »mittendrin« und »nah genug«.

Dabei sind die Menschen hierzulande in 40 Jahren DDR mit ganz anderen Erziehungszielen groß geworden, wie sie die »Herkuleskeule« in Dresden formulierte:

»Drängle dich, Kindlein, nie vor.
Wenn du singst, singe im Chor.
Halte dich stets in der Mitte.
Hinten und vorn gibt es Tritte.
Angenehm lebt in der Welt,
wer heimlich beißt und nicht bellt.« (Peter Ensikat)

Das ist ein total anderes »mittendrin«: untertauchen in der schützenden Menge, nicht auffallen, Klappe halten, nichts riskieren, alles mitmachen, anpassen bis zur Gesichtslosigkeit, nur an sich und seinen Vorteil denkend.

Scheint bis heute nicht ausgestorben zu sein.

Umso nötiger sind auch heute die, die sich nicht 'raushalten aus allem, die nicht abtauchen, wegsehen und vorübergehen, wo Menschen Unrecht, Leid, Gewalt angetan wird.

Solche wie wir hier und andernorts …

Und wenn uns angesichts des geballten Unrechts, des unermesslichen Leids, der omnipräsenten Gewalt der Mut entfallen will, dann denken wir daran, Martin Niemöller hat es ausgesprochen:

»Wir haben uns nicht zu fragen,
wie viel wir uns zutrauen;
sondern wir werden gefragt,

ob wir GOTTES Wort zutrauen,
dass es GOTTES Wort ist
und tut, was es sagt.«

Zum Beispiel: *GOTT macht die Gefangenen frei.* (Ps 146,7)
Dass sie frei sind schon hinter Gittern, freier als ihre Bewacher.
Frei im Denken und Fühlen, zum Hoffen und Beten.
Dass sie frei sind ohne Gitter und Mauern.
Frei in den Kontakten und Beziehungen.

Grün ist die Farbe der Hoffnung. Als Zeichen verteilen wir jetzt das grüne Band der Hoffnung, der Hoffnung für die Gefangenen, Erniedrigten und Beleidigten.
    Macht dieses Band öffentlich sichtbar, dass immer mehr Menschen von der Hoffnung angesteckt werden!

Amen.

Friedensdekade 2011 – 30 Jahre Friedensgebet in der Nikolaikirche

Montag, 7. November 2011, 17 Uhr

Liebe Friedensgebetsgemeinde!

30 Jahre Friedensdekade – 30 Jahre Friedensgebete in der Nikolaikirche: mehr als *ein* Grund zum Feiern, Freuen, Danken!

Vom 08. bis 18. November 1981 haben mit der Einführung der Friedensdekade die ersten zehn Friedensgebete hier in der Nikolaikirche stattgefunden. Das Holzkreuz erinnert an diesen Anfang und hat seinen ständigen Platz rechts neben dem Hochaltar gefunden.

Kernbotschaft und bleibendes Symbol der Friedensgebete, »Schwerter zu Pflugscharen«, laden als Plakat nach wie vor zu den ununterbrochenen Friedensgebeten an diesem Ort ein.

Wer hätte vor 30 Jahren auch nur geahnt, was GOTT diesem »Senfkorn Friedensgebet« für eine Verheißung, für ein Wachstum, für eine Frucht 1989 geben würde!

Mit dieser wunderbaren Glaubens- und Segenserfahrung im Rücken leben wir weiter in einer Welt, die immer wieder den Frieden GOTTES braucht zum Zusammenleben und Weiterleben. Darum habe ich für dieses Friedensgebet zusammenfassend und zugleich zukunftsgerichtet das Wort aus Lk 1,79 gewählt:

… und lenke unsere Füße auf den Weg des Friedens.

Gesagt hat das Zacharias, der Vater von Johannes dem Täufer, der mit JESUS verwandt war. Er hat gesprochen von dem Licht für die Verzweifelten, Hoffnungslosen, für die auf der Schattenseite des Lebens und die unter Gewalt und Todesängsten Lebenden. Und davon, dass dieses Licht ihnen den Weg zum Frieden zeigt, heraus aus Gewalt und Angst.

Hass, Gewalt, Angst, Krieg und Tod: Das sind die Zustände, die das vorige Jahrhundert prägten und bis heute noch an vielen Orten unserer Erde grausame Realität sind.

Allein seit dem Zweiten Weltkrieg hat es 98 Kriege gegeben, Bürgerkriege nicht mitgezählt, mit Millionen von Toten.

Dennoch hat ein Ereignis die Welt besonders aufgeschreckt.

Vor zehn Jahren geschah etwas, was Amerika nicht einmal im Zweiten Weltkrieg widerfuhr. Im Herzen Amerikas, in New York der Anschlag, der die beiden Türme des World Trade Centers zum Einsturz brachte und 2977 Menschen in den Tod riss. Mohammed Atta lenkte das vollgetankte Flugzeug mit allen Passagieren wie ein Geschoss in den Nordturm. In dem Bewusstsein, dass es nichts Höheres gibt, als im Namen GOTTES sein Leben zu geben und im Namen GOTTES das Leben zu nehmen denen, die durch ihre Lebensweise GOTT, den Allmächtigen, lästern. Terror und Suizid als Gottesdienst!

Gottes-Dienst?

Wer hat in Wahrheit seine Gedanken gelenkt?

Wer hat in Wahrheit die Gedanken und Vorhaben der christlichen Kreuzfahrer im Mittelalter gelenkt, die in

Vernichtungskreuzzügen über die Muslime hergefallen sind? Muss immer wieder GOTT herhalten zur Rechtfertigung von menschengemachtem Terror und Gewalt und Machtstreben? Sind nicht vielmehr Terror und Gewalt selbst die eigentlichen Gotteslästerungen?

Wie hat Amerika reagiert auf diese furchtbaren Anschläge?

Mit Krieg und Terror gegen den Irak.

Mit Krieg in Afghanistan.

Mit der Erklärung des totalen Krieges gegen Al-Quaida und die Terrornetzwerke.

Mit Guantanamo und einem ungeheuren Sicherheitsapparat und -aufwand im zivilen Leben des Landes.

Nichts mehr mit dem freien Amerika und seinen unbegrenzten Möglichkeiten. Und an der Stelle der zerstörten Türme wird ein neuer Turm errichtet, der mit 541 Metern das höchste Gebäude Amerikas werden soll. Die Kriege und der weltweite Kampf gegen den Terror zehren inzwischen das Land aus. Sind das die richtigen Antworten auf die furchtbaren Anschläge?

In der Erklärung des »ökumenischen Montagsgebets für den Frieden der Welt« vom 23. Juli 2007 heißt es gleich im ersten Satz: »Der »Krieg gegen den Terror«, der nach dem 11. September 2001 erklärt wurde, kann nicht gewonnen werden, weil er selbst Terror ist und neuen Terror erzeugt.«

Nie hat sich die Bush-Regierung auch nur die Frage gestellt, warum Amerika so gehasst wird, warum es so entsetzlich angegriffen wurde! Gier, Macht, Krieg – das Motto der Friedensdekade 2011 – ist die Troika menschlicher Sünde mit den entsetzlichen Folgen!

Und das unvorstellbare Geschehen: der Anschlag in Oslo am 22. Juli mit acht Toten und die einstündige Hinrichtung von Jugendlichen auf der Ferieninsel Utøya mit 69 toten jungen Menschen. Unvorstellbar, grauenhaft. Verübt von einem intelligenten jungen Mann, der planmäßig und kaltblütig die Erschießung wehrloser Menschen ausführte. Sein rechtsextremistisches Gedankengebäude, religiös ähnlich wie Mohammed Atta motiviert, nur mit christlichem Vokabular und dem Ziel der Tötung Linker, Ausländer und Muslime, hat die Tat als notwendig begründet und lässt deswegen keinerlei Reue und Mitmenschlichkeit zu. Wieder muss GOTT herhalten zur Rechtfertigung dieser entsetzlichen Taten.

Wer aber hat in Wirklichkeit seine Gedanken gelenkt?

Wie die USA auf den tödlichen Angriff 2001 reagiert haben, haben wir bereits gesagt und hinterfragt.

Wie reagiert Norwegen 2011? Ganz anders.

- Die 16-jährige Helen Bösei Olsen rührte die Menschen im ganzen Land an, als sie sagte: »Wir haben viel Gewalt erlebt … Alle, die dort waren, haben jemanden verloren. Das habe ich auch. Ich habe meine Mutter verloren … Ich vermisse sie so schrecklich.« »Aber wir wollen nicht Hass für den Täter empfinden, sondern uns auf die Liebe besinnen, die man für seine Freunde hat, Liebe statt Hass.«
- Ministerpräsident Jens Stoltenberg sagte: »Weder dem Hass, noch der Gewalt, noch der Zwietracht wollen wir uns hingeben.«
- Und Kronprinz Haakon auf dem Rosenzug: »Heute Abend sind die Straßen mit Liebe gefüllt. Wir wollen

Grausamkeit mit Nähe beantworten. Wir wollen Hass mit Zusammenhalt beantworten … Wir können uns dafür entscheiden, dass niemand allein stehen muss.«

Das ist es doch!

Das ist die Antwort auf Gewalt im Sinne JESU! Nicht den Hass aufpeitschen, nicht die Angst vergrößern, nicht in die Endlosschleife der Gewalt einschwenken.

So kommen die Füße auf den Weg des Friedens GOTTES, der höher ist als alle Vernunft und tiefer reicht als jede Angst, der die Herzen und Sinne bewahrt vor dem Absturz in Resignation und Hoffnungslosigkeit.

Und es ist sehr gut, dass die Welt auch diese Bilder sieht und diese Antworten auf Gewalt hört, die vom neuen Weg zeugen, vom Weg des Friedens GOTTES, von dem schon Zacharias gesprochen hat, den JESUS vorbildhaft gegangen ist.

Lassen wir uns also nie wieder und von niemandem einreden, es gebe keine Alternative! Wenn wir JESUS beim Wort und das zu Herzen nehmen, sind wir vor dem Schlimmsten im Leben bewahrt: vor grundsätzlichen Fehlentscheidungen, vor Resignation und Hoffnungslosigkeit!

Lasst uns heute erneut die Wegerfahrung des Friedens GOTTES aufnehmen und selber machen:

- Statt im Hass die Kräfte zu vergeuden – uns auf die Liebe zu besinnen, zu der wir fähig sind!
- Dem Hass und der Gewalt mit Nähe und Verantwortungsgefühl füreinander gegenüberzutreten!

• In Gottesdiensten und Friedensgebeten uns Mut und Hoffnung für Gerechtigkeit, Frieden und Bewahrung der Schöpfung zu holen.

Zum 16. Vernetzungswochenende der ökumenischen Friedensgebetsgruppen Deutschlands in Schorndorf haben wir am 11. September 2011 u. a. festgestellt und einstimmig verabschiedet:

1. Wir verstehen die christliche Kirche als Friedensbewegung GOTTES auf Erden. Wir setzen uns dafür ein, das Ziel »Überwindung der Institution des Militärs im 21. Jahrhundert« als Forderung an Kirchen und Regierungen öffentlich zu vertreten. Wir leben von der Hoffnung, dass Gewalt überwunden werden kann.

2. Wir bekräftigen erneut die eindeutige Aussage des Ökumenischen Rates der Kirchen in Amsterdam 1948: »Krieg soll nach GOTTES Willen nicht sein«. Kein Krieg hat je zu Frieden geführt; deshalb lehnen wir Krieg immer und absolut ab, auch als »ultima ratio«. Die in der evangelischen Kirchentradition (Augsburger Bekenntnis, Art. 16) formulierte Möglichkeit, »rechtmäßige Kriege« zu führen, wird von uns als nicht JESUS gemäß abgelehnt! Wir erwarten von unseren Kirchen eine entsprechend eindeutige Distanzierung vom »Gerechten Krieg«.

3. Da Krieg nicht legitimiert werden kann, ist Anti-Kriegserziehung in Elternhaus, Kindergarten, Schulen, Kirchen etc. notwendig: *Sie werden hinfort nicht mehr lernen, Krieg zu führen* (Mi 4,3, Jes 2,4).

4. Wir begrüßen die Aussetzung der Wehrpflicht als ersten Schritt in die richtige Richtung; dem muss die vollstän-

dige Abschaffung des Militärs in Deutschland folgen. Um unserer Schutzverantwortung für bedrohte Menschen gerecht zu werden, schlagen wir vor, dass Deutschland Freiwillige zur Verfügung stellt für einen internationalen Schutz mit rechtsstaatlicher Polizeifunktion unter UN- Mandat gemäß geltendem Völkerrecht.

5. Wir fordern den Abzug und die Vernichtung aller in Deutschland stationierten Atomwaffen sowie den Abzug aller ausländischen Truppen aus Deutschland.

6. Wir sind entsetzt darüber, dass Rüstungsexporte, auch in Krisengebiete, aus Deutschland zugenommen haben und wir mittlerweile der weltweit drittgrößte Waffenexporteur sind. Wir unterstützen und fordern mit der »Aktion Aufschrei« den Stopp von Rüstungsexporten.

7. Vor dem Horizont der Erfahrung der Friedlichen Revolution 1989 in Deutschland sehen wir unsere Friedensgebete als notwendigen Beitrag zum Gerechten Frieden.

So bleiben Hass, Krieg und Gewalt in allen Spielarten nicht mehr unwidersprochen, weil JESUS diesen neuen Weg des Friedens gegangen ist.

Alle geht das an, alle müssen das wenigstens wissen und von uns erfahren, an uns erleben! Wir hatten Gäste aus Papua Neuguinea bei uns in Leipzig. Und eine Frau sagte fassungslos: »Die Leute hier gehen ja sonntags gar nicht alle in die Kirche, die schlafen ja, die schlafen!« Ja, es wird in Deutschland tatsächlich am Sonntagvormittag zu viel geschlafen. Da wird richtig viel verschlafen. Allerhand Christen verschlafen es sogar, ihre Kinder taufen zu lassen! Wir können doch nicht alles von den Atheisten erwarten!!

Und das ist doch klar:

Die Menschen haben nichts gewonnen, wenn sie den Glauben verlieren. Und Glaube an GOTT ist allemal besser als Angst vor den Menschen und ein alternativloses Leben!

Darum bitten wir heute erneut um die Alternative, den neuen Weg, den JESUS uns eröffnet hat: *Lenke unsere Füße auf den Weg des Friedens!*

Und keine Angst, wie Klaus Peter Hertzsch sagt:

»Die neuen Tage öffnen ihre Türen.
Sie können, was die alten nicht gekonnt.
Vor uns die Wege, die ins Weite führen:
Den ersten Schritt. Ins Land. Zum Horizont.
Wir wissen nicht, ob wir ans Ziel gelangen.
Doch geh'n wir los. Doch reiht sich Schritt an Schritt.
Und wir versteh'n zuletzt: das Ziel ist mitgegangen,
denn DER den Weg beschließt und DER ihn angefangen,
der HERR der Zeit geht alle Wege mit.«

Amen.

»Mut zur Alternative« – unter Zugrundelegung der Bergpredigt

Friedensgebet am 9. Oktober 2012, St. Nikolai

Liebe Friedensgebetsgemeinde!

Nun ist es wieder einmal so weit, dass wir am 9. Oktober zum Friedensgebet in der Nikolaikirche zusammenkommen: ohne Angst vor Uniformierten, ohne das Gewaltszenario rings um die Nikolaikirche, ohne die Befürchtung, anschließend von staatlich verordneter Gewalt geschlagen oder zugeführt zu werden.

Peter Maffay sagt von sich, Singen und Beten gehören für ihn eng zusammen. Das geht uns auch so. Hier ist der Ort, an dem Angst, Verzweiflung, Wut und Ohnmacht überwunden wurden durch Singen und Beten, Hören und Sprechen, Glauben und Denken.

Und nicht zu vergessen die Kerzen, das sanfte Zeichen der Alternative zur Gewalt der Übermächtigen ...

Als Kirche haben wir selbst Jahrzehnte zuvor zum ersten Mal die Chance der Alternative erfahren, allerdings ohne sie zu wollen.

Wer als Christ in der DDR glaubhaft leben wollte, geriet gewissermaßen automatisch in Auseinandersetzungen und Konflikte mit dem atheistischen Staat und seinem weltanschaulichen Totalitätsanspruch. Es ist der schon im Neuen Testament genannte *Kampf, der uns bestimmt/verordnet ist* (Hebr 12,2), den wir uns nicht ausgesucht, erst recht nicht herbeigewünscht haben. Von vielen Christen wurde diese Situation negativ und entwürdigend empfunden. Schlimme Auswüchse von ungerechter Behandlung, Benachteiligungen, psychischem Druck bis hin zu Verhaftungen waren für die jeweils Betroffenen schwer zu verkraften. Dennoch erkannte ich mit der Zeit immer deutlicher, dass diese Zeit in Wirklichkeit eine Zeit der Verheißung und des Aufbruchs war. Der gedankenlose Automatismus der Volkskirche zur Kaiserzeit, da beinahe alle getauft und konfirmiert wurden und die Familien jeden Sonntag mindestens ein Mitglied zum Gottesdienst abzuordnen hatten, was imposante Zahlen hervorbrachte, wurde mit dem entsprechenden Druck vom sozialistischen Staat übernommen: alle in die Pioniere, alle zur Jugendweihe, alle in die FDJ, alle zur Wahl, alle zu den staatlich verordneten Demonstrationen – was ebenfalls imposante Zahlen hervorbrachte und gleichzeitig blind für den wahren Zustand der Gesellschaft machte.

Der Kirche hingegen waren Macht und Privilegien weitgehend genommen, sie hatte die Freiheit einer sich nur an JESUS orientierenden, von staatlichem Wohlwollen unabhängigen Kirche gewonnen. Allerdings ohne es zu wollen und ohne es zu verstehen.

Noch im Vorfeld des 17. Juni 1953, als die Kirche vom Staat angegriffen, die Jungen Gemeinden als CIA-gesteuerte Agentenzentralen diffamiert und Studentenpfarrer verhaftet wurden, bemühten sich Vertreter der Kirche bei diesem selben Staat um Religionsunterricht an den Schulen und Kirchensteuereinzug durch den Staat! Man konnte sich Kirche ohne die Krücken staatlicher Privilegien einfach nicht vorstellen. Der DDR-Staat sagte Nein.

Eine Reformation neuen Typus nahm ihren Anfang. Da die Kirche selbst nicht mehr die innere Kraft zur Erneuerung hatte, ging GOTT einen neuen Weg mit ihr. Von außen, über den atheistischen Staat, schreckte sie GOTT aus dem Schlaf der Sicherheit und rüttelte und schüttelte den Weinberg des HERRN durch und durch, dass die faulen Früchte und toten Äste nur so herunterprasselten. Die imposanten Zahlen nahmen rapide ab. Dran und drin blieb nur, wer wirklich mit JESUS verbunden war. Wir mussten neu buchstabieren, was es heißt, wenn JESUS sagt: *ICH bin der Weinstock, ihr seid die Reben. Wer in MIR bleibt und ICH in ihm, der bringt viel Frucht; denn ohne MICH könnt ihr nichts tun. Wer nicht in MIR bleibt, der wird weggeworfen wie solche Reben, die man sammelt und ins Feuer wirft [...]* (Joh 15,5.6).

So half der atheistische Weltanschauungsstaat, ebenfalls ohne es zu wollen und ohne es zu verstehen, der Kirche wieder zur Besinnung und Konzentration darauf, wovon Kirche allein lebte und lebt: vom gekreuzigten und auferstandenen JESUS CHRISTUS. Eine ungewollte Alternative wurde Wirklichkeit. Und keiner von uns ahnte, was GOTT ausgerechnet mit dieser Kirche der Minderheit vorhatte!

Es begann nicht bombastisch, aufständisch, gewaltsam sich Bahn brechend, sondern senfkornartig klein. Mit Friedensgebeten gegen den Wahnsinn der Hochrüstung und die Stationierung der Mittelstreckenraketen in Ost und West. Wir und alle Friedensgebetsgemeinden sind diesen Weg der Verheißung gegangen und gehen ihn auch heute!

Bei uns in der Nikolaikirche Leipzig begann er vor 31 Jahren, 1981, mit zehn Friedensgebeten der 1. Friedensdekade, 1982 intensiviert durch die Einführung der wöchentlichen Friedensgebete.

Und das Senfkorn wuchs unaufhaltsam.

Immer wieder müssen wir davon sprechen, müssen uns und andere daran erinnern.

Denn »Zukunft braucht Herkunft« (Odo Marquard).

In dieses Erinnern gehören auch zwei Ereignisse längst davor: der barbarische Akt der Sprengung der völlig unversehrten Universitätskirche am 30. Mai 1968 durch die sozialistischen Machthaber. Und die Verzweiflungstat von Pfarrer Brüsewitz gegen den flächendeckend aufgedrückten Atheismus sozialistischer Prägung ebendieses Staates. Oskar Brüsewitz verbrannte sich öffentlich am 18. August 1976 in Zeitz – der äußerste Protest, den ein Mensch leisten kann gegen eine Diktatur. Nur 13 Jahre später war die Überwindung von Angst und Verzweiflung und der »Man kann ja doch nichts machen«-Mentalität als unglaubliche Frucht jahrelanger Friedensgebete in dieser und in anderen Kirchen aufgegangen.

Am 9. Oktober, dem Tag der Entscheidung, wir wissen es alle, wurde die Nikolaikirche im Verbund mit den anderen Innenstadtkirchen zum Ausgangspunkt der Demonstration der 70 000 und damit zum Kernpunkt der Friedlichen Revolution überhaupt. Immer wieder hatte die Bergpredigt JESU eine zentrale Rolle gespielt. Immer wieder, so auch an diesem Tag, die Bitte: »Lasst die Gewaltlosigkeit nicht in der Kirche stecken, nehmt sie mit hinaus auf die Straßen und Plätze!« Denn: Beten und Handeln, drinnen und draußen, Altar und Straße gehören zusammen! So nahm ein Vorgang seinen Lauf, den es noch nie in der deutschen Geschichte gegeben hatte: eine Revolution ohne Blutvergießen, eine Friedliche Revolution, eine Revolution, die aus der Kirche kam. Ein Wunder biblischen Ausmaßes!

So war aus der Reformation neuen Typus eine Revolution neuen Typus herausgewachsen!

Gegen alle Wahrscheinlichkeit, gegen allen Augenschein war etwas geworden, was keiner für möglich gehalten hat!

* Dass eine Kirche in der Minderheit, in einem Land, über das die atheistische Walze des Nationalsozialismus und des Realsozialismus hinweggerollt ist, so viel bewirken kann für ein ganzes Land und alle seine Bewohner!

* Dass die Genossen und Funktionäre der DDR, die so herablassend auf Kirche wie auf ein Relikt der Vergangenheit herabgeblickt, sich selbst als Sieger der Geschichte verstanden haben, ausgerechnet an einer so entmachteten und schwachen Kirche gescheitert sind, ist unglaublich und für viele nicht fassbar. Honecker selbst hat in seinen letzten Tagebuchaufzeichnungen am 7. Januar 1993 als einen der letzten Sätze notiert: »Mein Gott, dass das alles so kam.« Ja. Mein Gott, dass das alles so kam ... Und nun stehen an der Spitze Deutschlands zwei ostdeutsche Protestanten, Bundeskanzlerin und Bundespräsident, dazu auch noch an der Spitze der Beliebtheitsskala. Wer's fassen kann, der fasse es ...

Gibt das nicht Hoffnung, dass mehr möglich ist, als möglich ist? Macht das nicht Mut, weiter Alternativen zu suchen und zu leben? Bei JESUS, dem Meister der Alternativen, aus DESSEN Alternativprogramm wir die Seligpreisungen gehört haben?

Zur Einübung in Alternativen könnten wir klein beginnen. Mit dem so heiß umstrittenen Freiheitsdenkmal. Die beiden Ereignisse, die Völkerschlacht 1813 und die Friedliche Revolution 1989 in Leipzig, sind von herausragender Bedeutung bei gleichzeitig totaler Unterschiedlichkeit. Das Völkerschlachtdenkmal – die Russen haben übrigens für ihre Gefallenen eine Kirche gebaut! – steht zur Erinnerung an Gewalt, Tod, Krieg und Sieg; ein beeindruckendes, steinernes, gewaltiges Monument.

Die Friedliche Revolution steht für die Macht der Gewaltlosigkeit, für die Überwindung einer Weltanschauungsdiktatur ohne Blutvergießen, für Leben statt Tod. Wäre nicht der »Herbstgarten« mit den Buchstabensegmenten »Keine Gewalt« eine echte Alternative zum Völkerschlachtdenkmal?

Mut zur Alternative! Das ist nie einfach! Und spielt im Leben des Menschen und der Gesellschaft die entscheidende Rolle gegen Stagnation und Resignation.

- »Leben wär' eine prima Alternative«, sagte die todkranke Maxi Wander: Wenn sie doch JESUS gekannt hätte, mit DESSEN Auferstehung GOTT selbst zum Tod eine Alternative setzte!
- Leben wär' eine prima Alternative für die hungernden und von Krieg geschädigten und vertriebenen Men-

schen weltweit. Statt der wissenschaftlichen Höchstleistung »Marslandung« wäre es eine noch größere
Höchstleistung, Kriege zu ächten und das Verhungern
von Menschen auf der Erde zu verhindern. Wann endlich wird es genug Unterstützung und Geld geben für
diese Mission? Vorhanden sind die Mittel ...

• Leben und Glauben wären eine prima Alternative für
die übersättigten, leeren und gelangweilten Menschen
der Wohlstandsländer. Wie sagt man's ihnen, dass sie
drauf kommen?

• Eine durch Wort und Sakrament weltweit geeinte Kirche wär' eine prima Alternative. »Ein GOTT, ein Glaube,
eine Kirche – Ökumene jetzt«: Dazu haben 23 engagierte Christen aus Politik, Wissenschaft, Wirtschaft,
Kultur, Sport und anderen gesellschaftlichen Bereichen
nachdrücklich aufgerufen, »den gemeinsamen Glauben
auch in einer gemeinsamen Kirche zu leben.« Die Ge-
meindebasis erhält endlich Unterstützung von »oben«.
Es tut sich was.

• Ein neues Wirtschafts- und Finanzsystem wär' eine
prima Alternative. Nicht nur ein Atemholen zwischen
Krise und Krise.

Diese Alternative könnten wir Teil II der Friedlichen Revolution nennen. Kirche ist auch hier wieder gefragt und
gefordert, sich angesichts nationaler und globaler Aus-
beuter- und Unrechtsstrukturen einzumischen. Sie tut das
schon in vielen Bereichen.

Die Banken- und Finanzkrise zeigt, dass dieses Finanz-
und Wirtschaftssystem nicht zukunftsfähig ist. Kosmeti-

sche Beschönigungen nützen nichts. Das System kann nicht die Probleme beseitigen, die es selbst hervorbringt. Die Wurzelsünde des Globalkapitalismus, das hemmungslose Profitstreben und die Anstachelung der Gier müssen überwunden werden. In einem Wort der Evangelischen Kirche in Deutschland von 2009 heißt es: »In Zukunft bedarf es sowohl einer robusten Regulierung der Weltfinanzmärkte als auch einer wirksamen Regelung für die Haftung der Verantwortlichen. Freiheit, die von der Verantwortung entkoppelt ist, zerstört sich am Ende selbst.«

Schon Martin Luther stellte fest: Der Markt muss durch »Gesetz und Gewissen begrenzt« sein und den Menschen dienen, nicht umgekehrt, sonst wird der Mensch zur Ware. Eine Wirtschaftsform der »solidarischen Ökonomie« ist zu entwickeln, die die JESUS-Mentalität des Teilens praktiziert: Teilen von Bildung, Arbeit, Einkommen und Wohlstand, in der der Mensch an erster Stelle steht, nicht Geld und Profit. Mit diesem neuen Denken für eine postkapitalistische Ökonomie sollten wir uns schon einmal vertraut machen. Die Zeit drängt: anders wachsen und wirtschaften: jetzt!

Die Einwände sind Legion! Von: Spinner, Naivlinge, idealistische Gutmenschen bis: »Zur bestehenden kapitalistischen Marktwirtschaft gibt es keine Alternative.« »Keine Alternative«, da werden wir hellhörig. Das ist, als hätten die Menschen der Steinzeit festgestellt: »Zum Faustkeil gibt es keine Alternative.« Steinzeit forever. Das war's ja dann doch nicht. Auch wir haben vereinzelt vor dem 9. Oktober 1989 zu hören bekommen: »Ihr denkt doch nicht, dass ihr mit euren Kerzen und Gebeten was ändern könnt.« Wir nicht, aber JESUS, DESSEN *Kraft in den Schwachen mächtig ist* (2Kor 12,9). Und es wurde möglich, was keiner für möglich hielt.

Mut zur Alternative: Das Mittel gegen Stagnation und Resignation.

Mut zur Alternative: Davon hängt ab, ob wir zukunftsfähig sind.

Die um JESUS gescharte Kirche hält uns wach.

Und wenn uns Bedenken kommen – und zumindest uns Deutschen kommen immer Bedenken, wir sehen immer zuerst das Haar in der Suppe, und wenn wir keins sehen, dann schütteln wir so lange den Kopf, bis eins hineinfällt – wenn uns Bedenken kommen, was möglich ist und was nicht, was wir schaffen können oder nicht, dann denken wir daran – Martin Niemöller hat es formuliert:

»Wir haben nicht zu fragen, wie viel wir uns zutrauen; sondern wir werden gefragt, ob wir GOTTES Wort zutrauen,
dass es GOTTES Wort ist und tut, was es sagt.«

Mut zur Alternative. Vertrauen wagen. Damit wir leben können!

Amen.

Freundlich und mit Salz gewürzt

- Nr. 1: Der Eingangschor macht seinem Titel alle Ehre. Der Schwung empor nimmt mich als Hörer mit. Ich werde in die Bewegung derer hineingezogen, die jetzt »in Zion fröhlich« sind. Da ist der Bezug zum Evangelium des 1. Advent hergestellt, das die Ankunft JESU in Jerusalem schildert. Die freudig wogende Menge der Menschen mit Palmzweigen, die ihr »Hosianna, gelobt sei, der da kommt im Namen des HERRN, Hosianna in der Höhe« anstimmen, wird in der Musik hörbar. Erhebt eure Herzen, schwingt freudig euch empor. Doch plötzlich ein »Halt! Haltet ein!« Dass der König der Ehren auf einem Esel ankommt, nicht standesgemäß, aber jesusgemäß, zwingt zum Nachdenken, Innehalten. Versteht, was ihr seht. »Es naht sich selbst zu euch der HERR der Herrlichkeit.«

- Nr. 2: Der Choral, innig, zart und ernst im Duett musiziert, fügt sich an: Nun komm! »Nun komm der Heiden Heiland«. Choraltext von Luther, Vertonung von Bach. Die zwei herausragendsten Persönlichkeiten der protestantischen Kirche vereint, die Ankunft JESU zu erbitten und zu vertiefen. Der Ankunft in Jerusalem auf einem Esel, dem Arbeitstier der armen Leute, geht die Ankunft im Stall von Bethlehem voraus. Was für eine arme Geburt! In einer chromatischen Steigerung wird musikalisch erlebbar, worüber sich alle Welt wundert, dass »GOTT solch, solch Geburt ihm bestellt.«

- Nr. 3-4: In der Arie »Die Liebe zieht mit sanften Schritten« wechselt erneut das Bild wie auch im darauffolgenden Choral. JESUS im Bild des Bräutigams, nach dem sich die Herzen sehnen: »Gleich wie es eine Braut entzücket, wenn sie den Bräutigam erblicket, so folgt ein Herz auch JESUS nach.« Die anziehende, liebliche Melodik legt uns den Glauben als Herzenssache nahe. In einer Welt der Elektronik, in der das wirkliche Leben immer mehr durch virtuelles Erleben ersetzt wird, bleibt der Glaube echt, live, unersetzbare Herzenssache. Da kann es schon einmal überfließend wallen, springen, jubilieren.

- Im 2. Teil, Nr. 5, wird das Motiv des Ankommens, des Einzugs JESU ins Herz, weitergeführt. Aus der Geschichte wird Gegenwart. Von Bethlehem über Jerusalem und über 2009 Jahre hinweg kommt JESUS in mein Herz. Keine Zeit kann IHN festhalten. Kein System kann IHM die Einreise verweigern. In seinem Lauf hält IHN weder Marx noch Lenin, weder Bank noch Börse auf. »Zieh bei mir ein!«

- Nr. 6: Doch gerade da wird es bei uns Menschen problematisch. Im Choral kommt der brutale Realismus ungeschönt zu Wort. Das kranke Fleisch, das kalte Herz, die aus dem Ruder gelaufene Welt hat keinen Platz für JESUS. Mit »kein Raum in der Herberge« fing es an. Mit dem Gewohnheitsatheismus, dem Relikt aus zwei Weltanschauungsdiktaturen, und dem Wohlstandsatheismus der Gegenwart wird JESUS heute der Platz in den Herzen streitig gemacht. Die Situation wird im Choral durch unruhige Rhythmen, aber auch durch die in starken Strichen durchgezogene Melodie von »Nun komm der Heiden Heiland« erläutert und geklärt: »Der du bist dem Vater gleich, führ hinaus den Sieg im Fleisch ...«.

- Nr. 7: In der letzten Arie kommt durch eine melodiöse, sanfte Stimmführung von Violine und Sopran die Hoffnung für das allenthalben schwache Fleisch und die kranke Welt ans Licht. Ist doch JESUS anders als gedacht, gekommen als der HEILAND der Heiden, damals wie heute.

Er stellte sich zur Ehebrecherin, als sich alle von ihr distanzierten.

Er kehrte bei dem Zöllner ein, als sich alle über ihn empörten.

Er vergab dem Petrus, als er sich selbst verdammte.

Er versprach dem Verbrecher am Kreuz das Himmelreich, als alle ihm die Hölle wünschten.

Er heilte die Kranken, die schon von den anderen aufgegeben waren.

Bei DIESEM haben gerade auch die Ungeeigneten, die Unwürdigen, die Schuldigen eine Chance, die, wenn überhaupt, nur mit gedämpften, schwachen Stimmen GOTT verehren können. Doch der Geist JESU hilft aller Schwachheit auf. »Denn schallet nur der Geist dabei, so ist ihm solches ein Geschrei, das er im Himmel selber hört.«

- Im Schlusschoral Nr. 8 kommt es vorwegnehmend zum Ziel, was der ganzen Welt verheißen ist. Allen Widerständen, allen Fehlentwicklungen, allen Irrungen und Wirrungen zum Trotz wird die Menschheit eins, eins im vielstimmigen Chor der Befreiten und Geheilten und Erlösten:

»Lob sei GOTT dem Vater ton (getan),

Lob sei GOTT sein'm eingen Sohn,

Lob sei GOTT dem Heilgen Geist
immer und in Ewigkeit.«
Der gewaltige Schlusschoral öffnet meine Seele und
schwingt freudig mich empor, empor zu DEM, DER da
ist und DER da war und DER da kommt.

Motettenansprache »Magnificat« BWV 243

8. Mai 2010, St. Thomas Leipzig

Liebe Motettengemeinde!

Als J. S. Bach am 30. Mai 1723 im Gottesdienst der Nikolaikirche sein Leipziger Amt antrat, waren die kirchlichen
Feste mit anspruchsvoller Kirchenmusik – Ostern, Him-
melfahrt, Pfingsten und Trinitatis – bereits vorbei. Die
nächste bedeutende Kirchenjahreszeit waren Advent und
Weihnachten, die erste große musikalische Herausforderung für Bach in Leipzig.

Unter der großen Fülle deutscher Texte, die Bach ver-
tont hat, gibt es nur sehr wenige lateinische, darunter aber
zwei Werke von herausragender Bedeutung: die h-Moll-
Messe und den Vespergesang »Magnificat anima mea do-
minum« – meine Seele erhebt den HERRN!

Da dieser Text durch die häufige Nutzung an hohen
kirchlichen Festtagen der Gemeinde geläufig war, waren
kommentierende Rezitative zwischen den einzelnen Versen überflüssig. Ebenso verzichtete Bach auf Da-capo-
Arien mit ihren ausgedehnten Wiederholungen, da sie die
Unmittelbarkeit und Wirkung der Worte Marias unterbrochen und gemindert hätten.

So entstand ein Werk von einzigartiger, konzentrierter
Bündigkeit. Es wurde am Heiligabend und am 1. Weih-
nachtsfeiertag 1723 aufgeführt – das erste größere Vokal-
werk Bachs in Leipzig.

Magnificat – mit diesem Wort beginnt die lateinische
Übersetzung des ungeheuren und überwältigenden Dank-

gebetes der jungen Maria, der Mirjam, wie ihr Name richtig, hebräisch, heißt. »Mirjam«, zu deutsch »die Bittere«, haben ihre Eltern sie genannt. Wie bitter mag ihr Leben selbst gewesen sein, dass sie ihrer Tochter diesen Namen gegeben haben.

Doch Maria begegnet uns hier als das ganze Gegenteil!

Sie mag 16, 17 Jahre alt gewesen sein, als ihr das entscheidende Erlebnis ihres Lebens geschah:

Fürchte dich nicht, Maria, du hast Gnade bei GOTT gefunden. Siehe, du wirst schwanger werden und einen Sohn gebären, DEN sollst du JESUS nennen. DER wird groß sein und ›Sohn des Höchsten‹ genannt werden ... (Lk 1,30 f.)

Was denn – ein so besonderes Kind aus ihren Reihen?

Wenn sie sich ihre Eltern Anna und Joachim ansieht, wenn sie auf ihren Verlobten Joseph und sich selbst und ihren Namen blickt: Da deutet nichts, aber auch gar nichts auf etwas Besonderes hin. Doch – sie lässt das Geheimnis, das Unglaubliche in sich ein!

Auch wird ein Besuch bei ihrer Verwandten Elisabeth zu einem denkwürdigen Ereignis. Denn Elisabeth begrüßt sie auf ungewöhnliche Weise und sagt in einer Geistesaufwallung: *Gepriesen bist du unter den Frauen, und gepriesen ist das Kind in deinem Leib!* Da hält es Maria nicht mehr. Es bricht aus ihr heraus mit aufspringender Freude: *Meine Seele erhebt den HERRN, und mein Geist freut sich über GOTT, meinen HEILAND, denn ER hat SEINE Magd in ihrer Niedrigkeit angesehen. Siehe, von nun an werden mich selig preisen alle Generationen. Denn ER hat Großes an mir getan, DER mächtig ist und DESSEN Name heilig ist.* Was bedeutet es jetzt noch, dass sie in den Augen der Welt nur ein unbedeutender Mensch in der Masse anderer Unbedeutender ist! Was macht es jetzt noch aus, dass sie zu denen da unten, zu den Niedrigen gehört. Denn GOTT hat gerade sie da unten erblickt, hat ihre Niedrigkeit erwählt, um sie so groß zu machen, dass sie in aller Welt bekannt werden wird! Sie erkennt mit einem Schlag, dass das kein Zufall, sondern die bewusste Art GOTTES ist, die aus den Fugen geratene Welt zu korrigieren: »die da unten« aufzuheben, zu erheben, nach oben zu bringen und »die da oben« von ihren Thronen und Machtpositionen zu stürzen.

Damit »das oben« anders wird, barmherziger, menschenfreundlicher und GOTT näher.

Und so kommt es klar und wahr aus ihr heraus: *ER zerstreut alle, die in ihrem Herzen hochmütig sind. ER stößt die Machthaber vom Thron und erhebt die Niedrigen. Die Hungernden sättigt ER mit Gütern und lässt die Reichen leer.* Was für ein Lied! Wenn wir es ernst nähmen, müssten die Diktatoren, müsste jede Diktatur dieses Lied unter Verbot stellen.

Im ersten Jahr der Hitlerdiktatur, im Advent 1933, schreibt Dietrich Bonhoeffer darüber:

»Es ist zugleich das leidenschaftlichste, wildeste, ja man möchte fast sagen revolutionärste Adventslied, das je gesungen worden ist. Es ist nicht die sanfte, zärtliche, verträumte Maria, wie wir sie auf Bildern sehen, sondern es ist die leidenschaftliche, hingerissene, stolze, begeisterte Maria, die hier spricht.« Und wir, wir im Advent 1989, wir haben diese Worte Marias in der Vertonung Bachs musiziert, gehört und gesungen wie nie zuvor und nie wieder seitdem! Denn eben gerade, am 9. Oktober 1989 und in den nachfolgenden Wochen, hatten wir dies alles hautnah erlebt: *ER zerstreut alle, die in ihrem Herzen hochmütig sind. ER stößt die Machthaber vom Thron und erhebt die Niedrigen.*

Wie waren sie sich alle so sicher gewesen in ihren Positionen!

Wie hatten sie sich auf ihren Macht-, Einschüchterungs- und Angstapparat verlassen!

Wie hatten sie, die selbsternannten Sieger der Geschichte, hochmütig auf die Kirche herabgeblickt, den christlichen Glauben lächerlich gemacht und Christen vielfach gedemütigt und behindert!

Dass sie nun gerade an einer Friedlichen Revolution gescheitert sind, die aus der Kirche kam, und Honecker samt Ehefrau Margot am Ende nur noch Zuflucht bei einer Pfarrersfamilie in Lobetal fand: Das bedarf keines Kommentars. Aber einer weiterführenden Einsicht und Aussicht: »ER, GOTT, zerstreut alle, die in ihrem Herzen hochmütig sind. ER, GOTT, stößt die Machthaber vom Thron und erhebt die Niedrigen.« Wenn es die Menschen selber machen, die Machthaber zu stürzen – und wie oft ist das in der Geschichte schon geschehen mit grausamen Folgen –, dann gibt es Tote über Tote und sehr schnell neue Machthaber in derselben Weise. ER, nicht wir. Das war das Besondere an dieser Revolution, an dieser Friedlichen Revolution. Aber wir sind dabei gewesen. Und das war gut so und ebenso nötig.

Wir hören dieses Magnificat der Maria heute am 8. Mai. Am 8. Mai 1945 ist das sogenannte Tausendjährige Reich in

Schutt und Trümmern untergegangen. Am 8. Mai 1989 wurden erstmals alle Zufahrtsstraßen zur Nikolaikirche von der Polizei abgesperrt, die Nikolaikirche mit Polizisten umstellt. Das war der Anfang vom Ende der DDR. Wir sehen: Sie bleiben nicht, die Mächtigen der Welt. Es bleibt nur DER, DER Großes an Maria und auch an uns getan hat!

DER mächtig ist und DESSEN Name heilig ist. Und SEINE Barmherzigkeit währt von Geschlecht zu Geschlecht bei denen, die IHN fürchten. ER vollbringt machtvolle Taten mit SEINEM Arm ... Darum danken und sagen auch wir mit Maria aus vollem Herzen: *Meine Seele erhebt den HERRN, und mein Geist freut sich über GOTT, meinen HEILAND.*

Amen.
Lasst uns beten!

HERR, unser GOTT:

Wir haben immer wieder mit unserer Niedrigkeit zu kämpfen, mit Ängsten und Schuld, mit Problemen und Belastungen in unseren Beziehungen,

mit mangelnder Vergebungsbereitschaft und zu schwacher Versöhnungskraft.

DU aber siehst die Niedrigkeit an, um uns da herauszubringen, uns hochzubringen,

uns wieder Würde und Selbstachtung zu geben.

Mit Maria wollen wir DIR danken mit großer Freude und gemeinsam beten:

VATER unser ...

Predigtgottesdienst zur Mitgliederversammlung des Vereins zur Förderung der Stiftung zur Bewahrung kirchlicher Baudenkmäler (KiBa)

18. Juni 2011, St. Nikolai

Liebe Gemeinde!

Wir sind heute eine spezielle Gemeinde, eine Gemeinde von Menschen, denen in besonderer Weise die Kirchen, die Gotteshäuser am Herzen liegen. Seit vielen Jahrhunderten gibt es sie, die mit Ps 26,8 sagen können: *HERR, ich habe lieb die Stätte DEINES Hauses und den Ort, da DEINE Ehre wohnt.*

Aber diese Stätten, diese Orte mussten und müssen erst einmal geschaffen werden! Unsere Mütter und Väter im Glauben wussten: Mit klugen Appellen kriegst du noch keinen Mut in die Seele, noch kein Fundament in die Erde, noch keinen Schiefer aufs Dach, noch keine Säule in die Kirche! Und Ruhmsucht, Ehrgeiz, Größenwahn können zwar Imposantes aus dem Boden stampfen. Aber ohne Glauben kommt am Ende immer nur eine Art Turm zu Babel heraus, der keinen Bestand hat, der irgendwann einstürzt oder als tote Hülle in der Landschaft steht, aus dem alles Leben gewichen ist.

Wenn der HERR nicht das Haus baut, dann arbeitet ihr umsonst, dann hilft es nicht einmal, dass ihr früh aufsteht ... dann lassen euch selbst beim Essen die Sorgen nicht los.

176

Denn SEINEN Freunden gibt es GOTT im Schlaf ... (frei nach Ps 127)

Glaube, Vertrauen in GOTT stehen am Anfang jedes großen Werkes, das Dauer und Zukunft hat, selbst wenn die auslösenden Faktoren die Größe des Ganzen noch nicht ahnen lassen!

So ist auch diese Kirche gebaut worden, als Leipzig 1165 das Stadt- und Marktrecht erhielt.

* Gebaut worden nicht als Hofkirche für einen Fürsten, nicht als Kathedrale für einen Bischof, nicht als Klosterkirche für einen Orden, sondern als Kirche für die Bevölkerung der Stadt, als Stadt- und Pfarrkirche St. Nikolai, wie sie bis heute heißt. St. Nikolaus, der Schutzpatron der Reisenden und Kaufleute, hat vielen Kirchen in Handelsstädten seinen Namen gegeben. Übersetzen wir den Namen, wird es überraschend: νίκος heißt der Sieger, λαός das Volk. Nikolaos, Nikolaus heißt zu deutsch: Sieger ist das Volk. Ein beeindruckendes Indiz für den Weitblick der Leipziger, gerade diese Kirche so zu nennen!

* Es fällt auf, dass diese Kirche baulich oft verändert, ergänzt und umgestaltet worden ist. »ecclesia semper reformanda«, die Kirche muss immer erneuert werden, hat man hier ideenreich auch auf das Kirchengebäude angewandt.

Als in der Reformationszeit, von 1513 bis 1525, das Kirchenschiff neu gestaltet und Emporen eingefügt wurden, erweiterte sich die Sitzplatzkapazität auf knapp 1 600

Plätze. Was mich bewegt: Nehmen wir zur Nikolaikirche alle anderen damaligen Kirchen der Innenstadt hinzu, so reichen die Sitz- und Stehplätze für die gesamte Stadtbevölkerung von etwa 8 000 Menschen! Alle haben Platz in den Kirchen, an alle ist gedacht, niemand muss draußen (vor der Tür) bleiben!

Denn *GOTT will, dass allen Menschen geholfen wird und sie zur Erkenntnis der Wahrheit kommen.* (1Tim 2,4)

* Eigenwillig und ungewöhnlich ist die gestaltete Erinnerung an die Confessio Augustana von 1530, die erste Bekenntnisschrift der »Lutherischen«. Zur 200. Wiederkehr dieses Datums, 1730, wurde der Mittelturm erhöht und deutlich prächtiger gestaltet. Glaube ist das Gegenteil von gebückter Haltung und Anpassung, hat etwas mit Aufstehen und Aufrechtstehen zu tun. Ist da nicht ein Turm die geeignete Erinnerung für schlaffe Zeiten wie heute, in denen mit ängstlichen Blicken auf diverse Tabellen errechnet wird, wie viele Menschen in zehn Jahren noch in der Kirche sind? Ich jedenfalls bin schon in der Kirche, andere zugegebenerweise noch nicht. Aber das muss ja nicht so bleiben!

* Und der romanische Kruzifixus gegenüber der Kanzel: Als 1902 der Niedergräfenhainer Altar – er befindet sich in der Nordkapelle – erworben wurde, gab es eine unansehnliche Zugabe: zwei unkenntliche, schmutzige, schadhafte Holzteile. Reichlich 70 Jahre ruhten sie ungestört in einer Kammer. Schließlich übergaben wir sie der Denkmalpflege in Dresden. Nach zehn Jahren das Ergebnis: der Kreuzesbalken stammt etwa aus dem

Jahr 1500, der Korpus JESU aus der Mitte des 13. Jahrhunderts. Als im September 1989 die Denkmalpflege anrief: »Herr Pfarrer, holen sie ihren Kruzifixus ab« – September 1989, wo sich hier schon die Ereignisse überschlugen, dachte ich: Wenn wir ihn im Kirchenraum sichtbar anbringen können, dann ist das tatsächlich gerade der richtige Moment, dass JESUS uns in dieser spannungsgeladenen Zeit den Rücken stärkt! So ist es geworden. Anfangs wusste keiner, was für eine Kostbarkeit sich da verbarg. Als kostenlose Zugabe bekamen wir ihn. Nun gehört er uns. Da sehen Sie, dass es bei uns nach Psalm 127 geht: *Den SEINEN gibt's der HERR im Schlaf.*

Der radikalste bauliche Eingriff in die Nikolaikirche geschah in den Jahren 1784–97. Der Leipziger Bürgermeister Carl Wilhelm Müller schilderte 1783 dem Stadtrat den Zustand der Nikolaikirche: die Kirchenstühle seien schadhaft, die Türen nicht mehr zu gebrauchen, Risse und Löcher im Fußboden geradezu eine Gefahrenquelle besonders für die Damenwelt mit hohen Absätzen. Der Zeitgenosse Leonardi ergänzte, dass unsere Nikolaikirche »theils durch ihr Alter, theils durch ihre Verzierungen und die Art, wie man die Pfeiler und Wände bemalt hatte, schwarz und finster geworden« sei – da stand eine Behebung dieser Übel an. Was dabei herauskam, übertraf jedoch alle Vorstellungen! Zum Einweihungsgottesdienst am 1. Januar 1797 waren die Menschen total überrascht, das Wort von dem schönen Schauspielhaus machte die Runde. Man hatte noch nie so eine Kirche gesehen – wir alle haben wahrscheinlich auch noch nie eine so gestaltete Kirche gesehen. Zum Paradiesgarten war die Nikolaikirche geworden!

Mit Wort und Sakrament zusammen sollten Musik und Architektur auf einzigartige Weise einen Vorgeschmack auf das REICH GOTTES geben, die Herrlichkeit der Zukunft andeuten!

Die Stadt Leipzig mit Bürgermeister Müller, Akademieprofessor Oeser und Architekt Dauthe an der Spitze hatten Mut und Können in großem Umfang bewiesen. Auch hatte man genügend Selbstbewusstsein, alles mit eigenen Kräften zu meistern: Nur einheimische Baubetriebe führten die Bauarbeiten aus, ein italienisches Dörfchen wie in Dresden gab es hier nicht!

Und auch finanziell war der Mut beträchtlich: 188 000 Goldthaler gab die Stadt schließlich für ihre Stadt- und Pfarrkirche St. Nikolai aus, nach heutigem Geld etwa 45 Millionen Euro. Da werden wohl einige Nachtragshaushalte den Stadtrat beschäftigt haben!

Dieser hohe, helle Innenraum mit Blumen und Blüten am Deckengewölbe, mit Säulen, die wie Palmen stehen, mit dem Motiv des Aufblühens im Altargitter, Lesepult und Taufstein, mit der Lilie auf dem Kanzeldeckel und dem Blick schon vom Eingangsportal her auf Kreuz und Auferstehung JESU CHRISTI: Sieht man ihn nicht vor sich, den Weg zum Heil, zur Heilung, zur Rettung, zum unzerstörbaren neuen Leben? Darum stehen die Türflügel des Hauptportals weit offen, demonstrativ offen, sind wie die ausgebreiteten Arme JESU:

Kommt her zu MIR, alle, die ihr mühselig und beladen seid, ICH will euch erquicken.

Niedrig ist die Schwelle in die Kirche, niedrig sowohl für Rollstuhlfahrer als auch für Atheisten. Alle sind willkommen. »Nikolaikirche – offen für alle« kennt keine Einschränkung. Und sie kamen und kommen!

Und wir, die wir am Altar stehen – hinter uns der Chorraum mit Darstellungen aus dem Leben JESU, mit Reliefs, die vier Stationen aus der letzten Woche des Lebens JESU festhalten, man steht gewissermaßen mit beiden Beinen in der Bibel –, wir sehen vom Altar aus durch das geöffnete Hauptportal hinaus auf die Straße! Ja, wir müssen die Welt draußen im Blick haben! Dürfen uns nicht hinter dicken Kirchenmauern verschanzen. Denn JESUS hat sich auch nicht im Tempel versteckt, war immer draußen auf den Straßen und Plätzen, in den Häusern, dort, wo sich die Menschen mit ihrem Leben abquälten: Dort war ER helfend und heilend mittendrin.

Darum müssen die Kirchen offen sein, dass die Menschen auch heute unmittelbaren Kontakt zu JESUS finden. Denn drinnen und draußen, beten und handeln, Altar und Straße gehören zusammen!

Und die Menschen kamen und kommen in die offene Kirche! Hier musst du keinen Eintritt oder Austritt bezahlen. Keinen kirchlichen Berechtigungsschein vorweisen – wir wissen ja, wie oft der Schein trügt. Hier kannst du einfach kommen, wie du bist und wer du auch bist. Die farbige Helligkeit kommt dir wohltuend entgegen.

Und wenn man nach kurzem Zögern unter der Orgelempore den großen, freien Raum betritt, dann zieht es einfach den Blick an den Säulen nach oben: Aufrecht steht man da und frei! Durchatmen. Rückgrat spüren. Der aufrechte Gang ist hier beinahe unumgänglich, durch die Architektur gewissermaßen vorgegeben. Kommt da schon eine leise Ahnung: Auch du selbst wirst wieder hochkommen, Zuversicht und Hoffnung werden auch in dir wieder aufblühen?

Und irgendwann fällt der Blick auf die Lilie auf dem Kanzeldeckel. Die Lilie, die JESUS in der Bergpredigt anspricht. In die Gesichter der Menschen, die IHN umdrängen, sagt JESUS: »Nehmt ihr überhaupt noch wahr, was euch umgibt? Oder lebt ihr nur noch mit gesenktem Blick, von euern Sorgen und Ängsten besetzt?«

»Seht die Vögel an! Sie säen nichts, sie ernten nichts und sammeln auch keine Vorräte.«

»Und doch – sie leben!« »Euer VATER im Himmel versorgt sie. Und seht euch die Lilien an auf den Wiesen! Sie arbeiten nicht und kümmern sich auch nicht um ihre Kleidung. Doch selbst König Salomo in seiner ganzen Herrlichkeit war lange nicht so prächtig gekleidet wie irgendeine von ihnen.« »Wenn GOTT sich schon so um Vögel und Blumen kümmert – meint ihr, dass ER euch dann vergessen würde?« »Ihr seid doch viel mehr als Vögel und Blumen. Ihr seid ›Zäläm Adonaj‹, Ebenbild GOTTES!«

»Gebt nur GOTT und SEINER Sache den ersten Platz in eurem Leben, so wird ER euch alles geben, was ihr nötig habt. Deshalb habt keine Angst vor der Zukunft! Es ist doch genug, wenn jeder Tag seine eigene Last hat.« »GOTT wird auch morgen für euch sorgen.«

Mit diesem Vertrauen können wir unser oft nicht einfaches, rätselhaftes Leben bestehen, kommen wir immer wieder hoch, wenn wir ganz unten sind. Solches Vertrauen ist uns gerade in dieser Kirche unfassbar und sichtbar gesegnet worden. Als wir vor 30 Jahren mit den ersten Friedensgebeten vom 8. bis 18. November 1981 die Friedensdekade einführten, ahnten wir nicht, was daraus werden würde. GOTT gab diesem Senfkorn »Friedensgebete« ungeheure Kraft und unaufhaltsames Wachstum. Der 9. Oktober 1989 in Leipzig wurde zum Tag der Entscheidung, das Friedensgebet in der Nikolaikirche und den anderen Innenstadtkirchen zum Ausgangspunkt der Demonstration der 70000. Eine Friedliche Revolution nahm ihren Lauf, wie sie noch nie in Deutschland geschehen war. Die Kirchen übernahmen nicht die vom atheistischen Staat verordnete Rolle von Dienstleistungsbetrieben zur Befriedigung religiöser Bedürfnisse. Sie waren und sind Häuser der Hoffnung, Räume der Geborgenheit und Zellen des Aufbruchs. Und die Bergpredigt JESU ist nicht ferne Jenseitsethik, sondern tägliches Brot im politischen Alltag hoffnungsloser Situationen.

Die Vögel unter dem Himmel, die Lilien auf dem Feld, die Menschen in der Kirche mit dem Wort JESU: *Sorgt euch nicht!* »Habt keine Angst vor der Zukunft!«

Eine Revolution, die aus der Kirche kam. Das hatte es noch nie gegeben. Ein Wunder biblischen Ausmaßes! Die offene Kirche – was da möglich wird! Wie wir sie brauchten und brauchen, die Gotteshäuser, die Kirchen im ganzen Land!

Und wir brauchen weiterhin diese Nikolaikirche, von der man mit Anton Bruckner singen kann: *locus iste a Deo factus est*, dieser Ort ist von GOTT gemacht. Wir brauchen diesen Paradiesgarten so lange, bis wir in GOTTES REICH angekommen sind.

EG 503,10:
»Welch hohe Lust, welch heller Schein
wird wohl in CHRISTI Garten sein!
Wie muss es da wohl klingen,
da so viel tausend Seraphim
mit unverdrossnem Mund und Stimm
ihr Halleluja singen.«

EG 503,14:
»Mach in mir DEINEM GEISTE Raum,
dass ich DIR werd ein guter Baum,
und lass mich Wurzel treiben.
Verleihe, dass zu DEINEM Ruhm
ich DEINES Gartens schöne Blum
und Pflanze möge bleiben.«

Amen.

So kommt der Glaube aus der Predigt

Predigt über Mt 20,1–16

20. Januar 1997, Septuagesimae, St. Nikolai

Liebe Gemeinde!

JESUS hat mitten unter den Menschen gelebt und gelehrt, geheilt und gezürnt, auf Straßen und Plätzen, in ihren Häusern und Hütten.

Also dort war ER, wo sich die Menschen mit ihrem Leben abplagten, wo sie unter den Verhältnissen litten und stöhnten. Ja, dort war ER zu finden, nicht bei den Hoffesten und Neujahrsempfängen, nicht bei Sektfrühstücken und Geschäftseröffnungen.

So sind auch SEINE Gleichnisse entsprechend. Im heutigen Gleichnis, wir haben es als Evangelium gehört, geht es um Arbeiter im Weinberg, Arbeit und Warten auf Arbeit, um Lohn und Gerechtigkeit. JESUS macht eine alltägliche Situation, provozierend verändert, zum Gleichnis für das Reich GOTTES! Auch wer JESUS noch nicht kennt, ob damals oder heute: Wovon JESUS spricht, versteht jeder, das geht jeden an, so oder so, damals wie heute.

Man sieht sie vor sich stehen, die Tagelöhner, auf dem Markt der Möglichkeiten, um die Arbeit von früh um 6 bis 18 Uhr zu kriegen. Man steht wohl nicht in kommunikativen Gruppen zusammen, sondern jeder Einzelne will Arbeit und braucht Arbeit, um sich und seine Familie vom Tageslohn ernähren zu können. Da denkt jeder berechtigterweise erst einmal an sich. Wird es heute klappen oder geht es ans Warten, in die Warteschleife? Wird es womöglich wieder nichts?

Dieses Warten, die damit verbundene Unsicherheit, diese ganze Lebensangst ist ein Problem vieler Menschen heute. Im Gesprächskreis »Hoffnung für Arbeitslose« haben wir eine Frau, alleinerziehende Mutter, gebeten, uns Bilder vorzustellen, die sie in ihrer viereinhalbjährigen Arbeitslosigkeit gemalt hatte. Sie hat sich durch erschütternde Bilder die Angst von der Seele gemalt und ist jetzt in unserer Kirchlichen Erwerbsloseninitiative für ein ABM-Jahr eingestellt. Nur wer diese Ängste kennt oder durchgemacht hat, versteht, was für ein ungeheurer Trost in diesem Gleichnis Jesu steckt.

Entgegen allen Regeln der Marktwirtschaft werden um 9 Uhr, um 12 Uhr, ja sogar eine Stunde vor Feierabend, um 17 Uhr, noch Menschen eingestellt! Obwohl die benötigte Zahl von Arbeitern bereits früh um 6 Uhr eingestellt wurde! *Was steht ihr hier den ganzen Tag herum?*, fragt sie der Weinbergbesitzer. *Es hat uns niemand eingestellt*, antworten sie. Elf Stunden haben sie gewartet bis zur Aussichtslosigkeit! Wie groß muss ihre Verzweiflung gewesen sein – und doch haben sie ausgeharrt, sind nicht weggelaufen voll Wut und Frust.

Wie viel Menschenkenntnis und Liebe aber muss der Weinbergbesitzer haben: *Geht auch ihr hin in den Weinberg!* Nicht, weil noch eine Drückerkolonne gebraucht wird, holt er sie. Sondern weil sie keine Arbeit haben! Weil sie verzweifelt sind und nicht wissen, was werden soll.

An dieser Stelle spätestens wird dem Hörer des Gleichnisses klar: Der Weinbergbesitzer ist kein normaler Arbeitgeber. Das weiß man ja, wie ein normaler Arbeitgeber sich verhält. Der lässt die vorhandenen Leute einfach länger arbeiten, auch die Wochenenden arbeiten, ohne auch nur eine Mark mehr zu zahlen! Und wer da anfängt zu meckern, der kann sich dann bald seine Papiere holen! Selbst wenn das Unternehmen Gewinn macht, werden nicht mehr Leute eingestellt. Die Unternehmen der Metallindustrie zum Beispiel konnte ihre Bruttogewinne zwischen 1993 und 1995 versechsfachen, von 7,7 auf 49,9 Milliarden DM; die Nettogewinne beliefen sich 1995 auf 33,3 Milliarden DM, eine Rekordmarke! Also mehr Arbeitsplätze? Weit gefehlt! Trotz dieser Gewinnexplosion ging die Zahl der Arbeitsplätze um sechs Prozent zurück!

Ja, der Arbeitgeber, den JESUS schildert, entspricht nicht der Norm. Er ist nicht profitfixiert. Er sieht den Menschen in seiner Hilflosigkeit – und hilft ihm, hilft den vielen Einzelnen: nicht durch Almosen, sondern durch Arbeit und Lohn, damit sie ihre Selbstachtung und ihr Selbstwertgefühl – die kommen ja so schnell abhanden – wiedergewinnen, damit sie nicht Schaden an ihrer Seele nehmen. Denn Geld allein tut's nicht, wir wissen es.

In diesem unnormalen Arbeitgeber, wir haben es längst begriffen, entdecken wir GOTTES Angesicht!

Das wird endgültig klar mit dem Vorgang der Lohnauszahlung. Die Letzten bekommen den gleichen Lohn wie die Ersten. *Der Weinbergbesitzer, GOTT*, sagt JESUS, *will es so*. Denn beide, die Ersten und die Letzten, haben sich gemüht, wenn auch unterschiedlich. Und beide brauchen den Tageslohn für sich und ihre Familie zum Leben. Die einen haben die Schwere der Arbeit, des Tages Last und Hitze ertragen – hatten aber den ganzen Tag das gute, beruhigende Gefühl, dass sie den Tageslohn erhalten und damit wissen, wie es weitergeht. Die anderen haben in des Tages Hitze die Last der Ungewissheit und Angst ertragen und wussten nicht, wie es nun weitergehen soll.

Nur der HERR, der HERR des Weinberges wusste schon, wie es mit ihnen weitergehen wird!

So haben am Ende alle Arbeit und Lohn, und keiner hat Schaden an seiner Seele genommen. Es ist fast wie im Himmel. Ja, so wird das Reich GOTTES sein! Das ist die neue Gerechtigkeit GOTTES – so lässt uns JESUS erkennen –, die nicht vom kapitalistischen Lohn-Leistungsdenken, aber auch nicht von fauler sozialistischer Gleichmacherei bestimmt ist.

So wäre alles gut – wenn nicht, ja wenn nicht die Versuchung den Menschen gerade dann packte, wenn alles sich zum Besten wendet!

Der Weinbergbesitzer hat bewusst mit der Lohnauszahlung bei den Letzten begonnen. Denn alle sollen die neue Gerechtigkeit im Vollzug erleben, nicht durch Veröffentlichung im Amtsblatt.

Aber die mit der größten Absicherung, die Ersten, fangen an zu maulen und zu murren. Sie wollen mehr als vereinbart! Sie wollen mehr, als sie verdient haben! Sie sind so furchtbar normal mit diesem Neid, mit diesem Mehr-haben-Wollen! Kein Dankgefühl bleibt übrig, nur noch Forderungen. Das könnte jetzt alles kaputtmachen! Den Himmel wieder verschließen, die neue Gerechtigkeit wieder durch das Recht des Stärkeren verdrängen! Das alte Denken wieder dominant werden lassen, dass die Reichen immer reicher und die Benachteiligten immer benachteiligter werden.

Doch noch einmal treten in dem Weinbergbesitzer die

Züge GOTTES, das Angesicht GOTTES deutlich hervor. ER lässt nicht die Polizei holen, aber ER lässt auch nicht die neue Gerechtigkeit fallen und vom neuen Denken überwuchern. ER lädt die Abgesicherten noch einmal zum Verstehen der neuen Gerechtigkeit ein: *Blickst du böse, weil ICH so gütig bin?*

Liebe Gemeinde! Spüren wir den großen Trost und die große Lebenshoffnung? *Wir* sind doch gemeint mit denen, die am Markt der Möglichkeiten dieser Welt stehen – ein großer Teil davon mit viel Verzweiflung, mit Frust und Depressionen, ohnmächtig die Chancen schwinden sehend!

Und nun öffnet uns JESUS die Augen:

Letztlich ist es egal, ob wir in unseren Augen oder in den Augen unserer Umwelt zu den Ersten oder Letzten gehören! Denn für jeden kommt die GOTTES-Stunde, dass GOTT uns gibt, was wir zum Leben brauchen, ob wir es verdient haben oder nicht!

Also: Bloß nicht aufgeben!

Nicht weglaufen in Wut und Frust!

So werden täglich aus Letzten Erste! So rückt die neue Gerechtigkeit näher. So reißt der Himmel über uns ein Stück weiter auf.

Das ist es, was wir heute wissen und festhalten dürfen.

Amen.

Predigt über Joh 1,43–46

2. Sonntag nach Weihnachten, 3. Januar 1999, St. Nikolai

Liebe Gemeinde hier in der Kirche,
liebe Fernsehgemeinde zu Hause!

Die Jahreswende haben wir wieder einmal geschafft!

Haben wir in Deutschland zehn Jahre nach 1989 die »Wende« geschafft, in Kirche und Gesellschaft und im persönlichen Leben? Und was für eine Rolle spielt die bevorstehende Jahrtausendwende für uns?

»Nun muß sich alles, alles wenden«, schrieb einst ein deutscher Dichter in der uns eigenen Begeisterungsfähigkeit.

♦ Das hofften die DDR-Bürger 1989 ebenso euphorisch.
♦ Das hoffen sie deswegen heute bereits wieder.
♦ Das erhoffen sich die Menschen von der neu gewählten Regierung.
♦ Das hoffen sie alle, alle, die Kranken, Suchtabhängigen, Arbeitslosen, die Geschiedenen und unglücklich Verheirateten, die Alleinlebenden und Alleinerziehenden, die an ihren Eltern leidenden Kinder und die an ihren Kindern verzweifelnden Eltern, auch die von Gewalt und Ungerechtigkeit aller Art Erniedrigten und Beleidigten.

Eine ungeheure Sehnsucht, ein bohrender Hunger nach Leben durchpulst Mensch und Gesellschaft. »Hauptsache

Gesundheit!« »Hauptsache Arbeit!« Bei vier Millionen Arbeitslosen, bei noch mehr Millionen von Kranken nur zu berechtigte Wünsche und Forderungen! Aber wenn es das schon wäre! Die gesund sind, die Arbeit haben und gutes Geld verdienen – sind sie dankbar und zufrieden, freundlich und ausgeglichen? Wir wissen doch, wie es im Leben geht. Welche Nah- und Fernziele auch erfüllt werden, was auch immer auf dem Markt der Möglichkeiten angeboten wird, wie häufig Beziehungswechsel und Sinneswandel auch vollzogen werden, wie schrankenlos sich der Mensch auch verwirklicht – es kommt keine Freude auf! Die Sehnsucht bleibt, obwohl man sich alles gönnt. Der Hunger bleibt. Und das bei vollen Schüsseln! Was fehlt uns bloß noch in diesem schönen und reichen Land?

»Wohin soll ich mich wenden?« So hat es uns die Kantorei eingangs gesungen mit den einfach-eindringlichen Tönen Franz Schuberts. So steht die Frage vor uns Menschen heute, wie sie schon immer vor den Menschen stand.

Am nächsten Tag wollte JESUS nach Galiläa gehen und fand Philippus und sagte zu ihm: Folge MIR nach!

Keine Versprechungen, keine Produktwerbung, kein Nachfolge-Rabatt.

Klar und präzise, wie JESUS ist: *Folge MIR nach!*

Wie oft ist im Deutschland unseres Jahrhunderts dieses *Folge MIR nach!* JESUS geraubt und in der Politik missbraucht worden! Und nicht nur einmal, sondern mehrfach sind die Menschen blindlings gefolgt und in ihr Unglück gestürzt. Haben sich fast widerspruchslos einprägen lassen in den Schulen, wie ehrenvoll es ist, für das

Vaterland zu sterben, wozu ihnen anschließend auch reichlich Gelegenheit gegeben wurde. Haben sich im Nationalsozialismus für den Rassenkampf und im Realsozialismus für den Klassenkampf erziehen lassen. Zu viele unserer Menschen haben dem braunen Wirrkopf mit seinem Tausendjährigen Reich ihr »Befiehl, wir folgen dir!« hysterisch zugeschrien und ihm ihr Heil ausgeliefert. Zu viele haben gleich anschließend den sozialistischen Planern der Ewigkeit die Zukunft geglaubt.

Und jetzt?

* Jetzt, in der wieder einmal neuen Zeit, hängt alles Wohl und Wehe an Dollar und DAX, diesen wankelmütigen Neo-Heiligen! Keine Nachrichtensendung abends ohne diese Heilsdaten! Daneben kommen die Heilslehren soft und light auf uns zu, säuseln die Sekten, lächeln die Gurus, winken die Drogen. Wann endlich werden wir in unserem Land verstehen, dass das *Folge MIR nach!* nur EINER sprechen kann, ohne uns zu enttäuschen oder zu missbrauchen? JESUS, DER den Einzelnen anspricht und wieder hochbringt. JESUS, DER den Einzelnen, der nicht mehr weiß, wem er folgen oder vertrauen soll, aus der lähmenden Unentschlossenheit herausholt. SEIN *Folge MIR nach!* heißt doch: Erhebe dich, stehe wieder, widerstehe!
* Bleib nicht in deinen Ängsten hocken!
* Finde dich nicht ab, wie alles gelaufen ist bisher!
* Laß dich nicht länger im Trend der Zeit treiben. Du weißt doch: Nur der tote Fisch schwimmt mit dem Strom!

- Teil aus, wenn alle horten!
- Tritt ein, wenn alle austreten, um billiger davonzukommen!
- Riskier endlich 'ne Lippe (was du immer schon wolltest), dass sie nicht denken, sie können alles mit dir machen.
- Und hör auf, den Tod zu fürchten! *Denn GOTT ist ein GOTT der Lebenden und nicht der Toten!*

Das ist alles so frisch, was JESUS da erweckt mit SEINEM *Folge MIR nach!* Kein Wunder, dass der Philippus aus seiner Lebens-Lethargie erwacht! So wie er von JESUS gesucht und gefunden wurde, so sucht und findet er jetzt den Nathanael und geht mit der unglaublichen Nachricht auf ihn zu: *Wir haben DEN gefunden, von DEM Mose im Gesetz und die Propheten geschrieben haben, JESUS, Josephs Sohn, aus Nazareth.* War es mit dem Finden nicht genau umgekehrt? Aber was tut's angesichts dieser ungeheuren Tatsache: ER ist da, der real existierende MESSIAS, JESUS; Josephs Sohn, aus Nazareth!

Ein MESSIAS aus Fleisch und Blut, DESSEN Eltern man kennt und auch den Ort, wo ER herstammt, die Hilfe GOTTES so nah, so konkret?

Da gibt es Widerspruch. Wir kennen das. *Was kann aus Nazareth Gutes kommen?*, winkt Nathanael ab. Wie lange reden sie schon vom MESSIAS – und da soll ER ausgerechnet jetzt kommen, zu uns, noch dazu aus Nazareth, wo mehr Heiden als Gläubige wohnen? *Komm und sieh es*, sagt Philippus einfach und führt ihn zu JESUS. Da erfährt auch sein Leben die entscheidende Wende.

Liebe Gemeinde hier und zu Hause!

Auf diese Wende, Erfahrung, Begegnung kommt es zu allen Zeiten im Leben an.

Folge MIR nach!, sagt JESUS zum einzelnen Menschen, direkt, persönlich. Kein Aufruf durchs Megaphon ans Volk, Massenhysterie also ausgeschlossen. Und er sagt das zu einem bestimmten Menschen, z. B. zu Philippus aus Bethsaida, der sich durch nichts Besonderes auszeichnet.

JESUS hat einen Blick für die, die keine Schlagzeilen machen, die sich mit ihrem Leben abmühen und doch nicht von der Stelle kommen. ER geht auf die oder den zu, der, die vom Leben nichts mehr zu erwarten und keine Kraft mehr zu irgendeiner Wende hat.

Finden wir uns mit unserer Sehnsucht, mit unserem bohrenden Hunger nach Leben wieder in diesem Philippus-Normalverbraucher, von JESUS gefunden, angesprochen und aufgerichtet?

Zum Beispiel jetzt im Gottesdienst?

Oder haben wir schon irgendwie aufgegeben und winken wie Nathanael überall nur noch müde ab: »Was kann von der Kirche heute noch kommen?« – »Mir kann keiner helfen.« »Ich muss selbst sehen, wie ich klarkomme.«

Oder finden wir uns gar nicht wieder?

Das macht nichts. Denn die Initiative geht von JESUS aus. Auch wenn wir nicht mehr von der Stelle kommen, wenn uns unser »Standpunkt« betoniert hat: JESUS findet uns und macht uns frei, bringt uns vom »Standpunkt« zur »Nachfolge«. Gesucht und gefunden, nicht allein gelassen, auf den Weg ins Leben gebracht: ein wunderbares Gefühl, das ER vermittelt. Komm einfach und sieh: die Krippe. Das Kreuz. Das Brot und den Wein. Höre, fühle, schmecke, wie wohltuend und befreiend ER ist, JESUS, Josephs und Marias Sohn, aus Nazareth.

Wohin soll ich mich wenden?

Ich will mich nicht mehr wenden.

Ich gehe zuversichtlich und voller Freude weiter mit DEM, DER auch mich gefunden hat und alle Tage bei uns ist, bis zum Ende der Welt.

Amen.

Predigt über Joh 2,1–11

2. Sonntag nach Epiphanias, 19. Januar 2003, St. Nikolai

Liebe Gemeinde!

»JESUS auf der Hochzeit zu Kana« mit einem über-schwänglichen Weinwunder; so ein weltliches Fest als Ort des ersten öffentlichen Auftretens JESU: Bei so viel Freude, natürlicher, menschlicher, irdischer Freude und Festlichkeit kriegt die Christenheit (wohl eher) Probleme!

In der Nikolaikirche, hier am Fuß der Kanzel, ist ein tragbarer Hausaltar, der zu Hochzeiten auch in die Häuser getragen wurde, weil ebenda JESUS auf der Hochzeit zu Kana abgebildet ist. Aber so eine Darstellung ist tatsächlich selten in Kirchen. Zu sehr erklärungsbedürftig das Ganze, zu unfromm, zu weltlich, passt nicht so recht in die Vorstellung von JESUS.

Und geht es uns nicht ähnlich? Friedensgebete in den Kirchen gegen einen drohenden Krieg, wie morgen wieder, Protestwege draußen von Kirche zu Kirche wie morgen wieder – und so ein Text heute?

In der Zeitung »Der Sonntag« steht unter der Über-schrift »Wasser, Wein und viele Fragen« tatsächlich eine Aufzählung von lauter Fragen. Das Ganze endet mit der Feststellung, dass der Schreiber der Kolumne heute pre-digtfrei hat und gespannt ist auf die Antworten, die in den Gottesdiensten gegeben werden. Und dicht daneben, genau passend, ein Artikel der Lebensberatung mit dem

Motto »Alkohol als Feind erkennen«, was uns alles für unseren Evangelientext nicht so recht weiterhilft.

Als meine Frau und ich vorgestern auf Einladung des Bundespräsidenten und der tschechischen Botschaft in Berlin waren zur Ehrung und Verabschiedung des tschechischen Präsidenten Vaclav Havel, musste ich immer wieder an heute und die Hochzeit zu Kana denken. Es gab guten Wein von Anfang an, der Wein ist auch nicht ausgegangen, und ich versuchte etwas einzufangen für das Verständnis der Vorgänge in Kana. Aber so recht weiter. gekommen bin ich dabei auch nicht, außer dem nicht spezifisch christlichen Gefühl, dass sich der Mensch wohlfühlt bei guter Musik, gutem Essen, guten Getränken und guten Gesprächen und dass so etwas für alle Menschen gut wäre!

Schließlich: Wie ging es uns im Gemeindetreff mit der Vorbereitung des Textes? Wir sind alle sehr angeregt und fröhlich über diesem Geschehen geworden zu unser aller Erstaunen! Liegt darin vielleicht die Kernbotschaft, dass wir erkennen, dass JESUS von Anfang an SEINEM Namen gerecht wird: Jehoschua, »GOTT hilft«, auch da, wo wir es am allerwenigsten erwarten würden?

Am besten, wir mischen uns selbst unter die Gäste, um zu ergründen, was da eigentlich geschehen ist.

Da begegnen uns zuerst tatsächlich einige Schwierigkeiten. Dass bei einem etwa sieben Tage dauernden Hochzeitsfest der Wein ausgehen kann, ist durchaus nachvollziehbar, ebenso, wie peinlich das für die Gastgeber ist. Die Geste Marias, SEINER Mutter, zu JESUS: *Sie haben keinen Wein mehr* ist mehrdeutig. Sollte JESUS mit SEINEN Jüngern das Fest gleich wieder verlassen, um den Gastgeber zu entlasten? Rätselhaft auch die indirekte Antwort JESU: *Meine Stunde ist noch nicht gekommen. Was willst du von mir?* Um nach diesen abweisenden Worten doch zu helfen, überschwänglich, 600 Liter Wein. Unglaublich! Und zu erklären gleich gar nicht. Was wäre auch gewonnen, wenn wir den Vorgang erklären könnten? Wir hätten ein Detail erklärt, aber das Ganze noch nicht beantwortet, was JESUS damit gewollt hat. Die Antwort gibt der Evangelist selbst in Vers 11: *Das ist das erste Zeichen, das JESUS tat, es geschah in Kana in Galiläa, und damit offenbarte ER SEINE Herrlichkeit. Und SEINE Jünger glaubten an IHN.*

Das Wunder richtet sich nicht an Maria oder das Hochzeitspaar oder das Personal oder die Gäste. Das Wunder meint die Jünger! Sie sollen das Zeichen SEINER Herrlichkeit erleben, darüber erstaunen und ein ungewöhnliches Vertrauen entwickeln können! Von den ersten fünf Jüngern, die JESUS um sich gesammelt hatte – es wird unmittelbar vor unserem Text geschildert –, sind mindestens drei aus der Gefolgschaft des Täufers Johannes. Sie werden erstaunt gewesen sein, dass JESUS sie aus der Einsamkeit der Jordansteppe in die galiläische Heimat zurückführte, und zwar mitten hinein in das Gewoge und Getriebe des menschlichen Lebens, dorthin, wo sich die Menschen mit ihren Freuden und Leiden, Sorgen und Hoffnungen befinden, wo sie leben und arbeiten und natürlich auch heiraten und Feste feiern. Dort nimmt alles SEINEN Anfang! Dort ist das erste Zeichen, das JESUS setzt!

Das wird für SEIN ganzes Leben und Wirken typisch bleiben!

In der Regel zieht die Verkündigung der Botschaft einen Strich zwischen der Welt und sich. Scharf geht die Trennlinie zwischen Welt und dem heiligen Raum, zwischen weltlichem und geistlichem Bezirk und Leben.

So war der Tempel streng von der Welt geschieden als Ort der GOTTES-Begegnung. So war Johannes der Täufer in die Einsamkeit der Jordanniederung gegangen, dorthinaus mussten sie kommen, weit genug weg von ihrem sündigen Alltag. JESUS aber hat diese Grenzziehung zwischen heiligem Ort und der bösen Welt radikal aufgehoben. JESUS trägt den Anspruch GOTTES von Anfang an mitten in die weltliche Sphäre, mitten in die Welt, wie sie ist, in unsere Familien und das Berufsleben, in unsere Feste und Alltage. Und dort, mitten in unseren Leiden und Sorgen, in unserem weithin gottvergessenen Leben und Arbeiten und Feiern ist ER mit der ganzen Autorität GOTTES präsent: »Auch hier bin ICH der HERR, euer GOTT!« Auch in den Spielregeln der Welt habe ICH Möglichkeiten, die nicht vorhersehbar sind und neue Wirklichkeiten schaffen!

So bekommen SEINE Jünger, als JESUS sie aus der Wüste auf die Hochzeitsfeier führt, einen Eindruck davon, dass ER einen völlig neuen Weg geht, mitten hinein in die Welt und in das Leben, zu den Menschen in all ihrer Menschlichkeit!

Seit dieser Hochzeit zu Kana sind sie alle zu religiösen Orten geworden: die Ehen, die Familien, die Partnerschaften, das Leben der Alleinerziehenden und Alleinlebenden, die Berufe, die Feste wie der Alltag, die Kirchen, die Plätze, die Straßen und die Wohnungen – sie alle sind zu religiösen Orten geworden, wo GOTTES Möglichkeiten unsere Vorstellungen übersteigen. Überall dort dürfen wir mit IHM rechnen und IHM wie SEINE Mutter auf den »Geist« gehen:

+ Wir haben keine Liebe mehr.
+ Wir haben keine Arbeit mehr.
+ Es fehlt uns an Frieden.
+ Wir haben keine Freude mehr.
+ Es fehlt uns an Glauben.

Bei so vielen ist der Wein ausgegangen! Die gefühlten oder tatsächlichen Defizite quälen. Und da hilft es wirklich nicht, Wasser und Wasser zu predigen, wenn der Wein fehlt!

Also haben wir den Mut von dieser Hochzeitsfesterfahrung in Kana her, JESUS um Wein zu bitten. Da ist nur noch die Kleinigkeit: Wer füllt die leeren Krüge? Denn das ist ja das Erste, was JESUS sagt, ehe ER handelt: *Füllt die Wasserkrüge mit Wasser!* Das heißt: Tut erst einmal das, was ihr selber könnt! Bleibt nicht hocken auf euren Defiziten, winkt nicht ab mit dem Gedanken: Das wird doch nichts, das schaffen wir doch nicht mehr, das hat doch alles keinen Sinn!

Das Wunder selbst können und brauchen wir auch nicht zu vollbringen. Aber die Voraussetzungen für das Wunder, da können und müssen wir schon etwas tun.

Füllen wir als Erstes also die Krüge mit Wasser:

- Bemühen wir uns um unsere Ehen, Familien, Partnerschaften, Kinder!
- Schreiben wir unverdrossen die 17. Bewerbung für eine Arbeitsstelle!
- Entdecken wir das Danken wieder für das, was wir haben und sind!
- Suchen wir unvermindert in Gottesdiensten und Gemeindeveranstaltungen den Sinn unseres Lebens und Leidens und den Grund zur Freude!
- Stellen wir uns vor die Kirchen, auf die Straßen gegen Militärschläge aller Art – auch wenn andere das für wirkungslos halten.
- Bereiten wir Feste vor in schwieriger Zeit!

Füllen wir also als Erstes die Krüge mit Wasser!

Denn der für mich wichtigste Satz ist, was Maria zum Personal gesagt hatte: *Tut, was ER euch sagt!* So füllten sie die Krüge mit Wasser. Und über diesem Wasserfüllen ereignete sich das Wunder. Sie brachten das Wasser und schöpften den Wein! So geht das bis heute mit JESUS! Wir bringen das Wasser unserer Bemühungen, unseres Suchens, unseres Uns-Einsetzens – und daraus macht JESUS den Wein der Freude und des Gelingens!

- Neu erfahren wir das Geschenk der Liebe in Ehe, Familie, Partnerschaften und zu den Kindern und Enkeln!
- Neu erfahren wir, dass der Arbeitsplatz bleibt oder neu entsteht!
- Neu erfahren wir, dass wir auch ohne Arbeitsplatz danken können für das, was wir sind und haben!

- Neu erfahren wir, dass unser Suchen in Gottesdiensten und Gemeindeveranstaltungen Früchte bringt und wir wieder wissen, warum wir leben und leiden und wie wohltuend es ist, wenn Freude und Hoffnung zurückkehren!
- Neu erfahren wir, dass es viel bringt, in den Kirchen und vor der Kirche, auf der Straße und zu Hause sich einzusetzen und einzustehen für Frieden ohne militärische Gewalteinwirkung!

Tut, was ER euch sagt ist der Anfang des Wunders, das uns und die Welt verändert! Kein Bereich des Lebens, der Kirche, des Staates, der Weltpolitik ist davon ausgenommen. Seit der Hochzeit zu Kana hat JESUS alle Orte zu religiösen Orten gemacht, an denen GOTTES Möglichkeiten unsere Vorstellungen übersteigen!

Vorgestern in Berlin wurde ich von einem ARD-Korrespondenten gefragt, ob die Bergpredigt in jedem Fall gelten könne – oder nur in besonderen Fällen? *Tut, was ER euch sagt!* Dann werden wir das Wunder nicht nur wie am 9. Oktober 1989 in Leipzig erleben! Dann wird das Wunder an jedem Tag und jedem Ort möglich werden gegen alle menschliche Vorstellungskraft.

Und die Frau des Leiters der Auslandsabteilung der Bundesregierung fragte mich: »Glauben Sie an Wunder?« Und ich sagte: »Wer nicht an Wunder glaubt, ist kein Realist!« Da kam Freude auf wie bei der Hochzeit zu Kana.

Tut, was ER euch sagt!, liebe Gemeinde, und jedes Wunder wird möglich.

Amen.

Predigt über Joh 8,3–11

4. Sonntag nach Trinitatis, 1. Juli 2007, St. Nikolai

Liebe Gemeinde!

Es ist früh am Morgen. Die Sonne scheint, die Vögel zwitschern in den Olivenbäumen des Ölbergs. Der Himmel ist tiefblau. Ein wunderbarer Tag ist angebrochen.

Die Stadt erwacht. JESUS kommt vom Ölberg, wo er übernachtete, und geht zum Tempel.

Als die Menschen, die schon auf den Beinen sind, JESUS erkennen, kommen sie auf IHN zu. So viele sind es geworden, die JESUS auf dem Tempelvorhof umringen, dass ER stehen bleibt und sich setzt. Still wird es, als er anfängt zu sprechen. GOTTES Wort kommt zu den Menschen – unter freiem Himmel. Doch der Frieden wird jäh gestört. Es wird laut. Pharisäer und Schriftgelehrte bringen eine Frau, die am Ende dieser Nacht beim Ehebruch ergriffen wurde. Die Strafe dafür soll sofort vollstreckt werden. Und diese ist furchtbar: Tod durch Steinigung. So etwas wird draußen vor den Stadttoren erledigt. Sie kommen jedoch damit zum Tempel. Der völlig falsche Ort. Natürlich. Aber sie kommen absichtlich hierher, weil JESUS hier ist. Denn ER ist das eigentliche Ziel der Aktion.

Wir kennen solche Situationen, wo der Frieden jäh und furchtbar unterbrochen wird. Eine schwere Krankheit bricht unvermittelt aus. Ein Todesfall in der Familie. Das Zerbrechen von Beziehungen, miterlebt oder an sich selbst erfahren. Die Ehe, die nicht mehr geht. Die Freundschaft, die in Gleichgültigkeit übergegangen ist. Die Kinder, die die Eltern verlassen. Die Eltern, die mit ihren Kindern nichts mehr zu tun haben wollen. Der Verlust des Arbeitsplatzes, mit dem man nicht gerechnet hat.

Mit Recht fürchten wir solche Störfälle – deren Schrecklichkeit und plötzliches Auftreten. Wie werden wir damit fertig? Haben wir dann wenigstens das Mitgefühl einiger Menschen auf unserer Seite?

Das hatte die Frau damals nicht. Wir erfahren auch nichts über die Ursachen und Umstände. Wozu auch! Der Fall ist offenbar eindeutig, was die Konsequenzen betrifft. Man zerrt die Frau mit ihrer Tat in die Öffentlichkeit. Stellt sie vor allen Menschen bloß. Einen Verteidiger hat sie nicht. Nicht einmal ein paar Mitleidige sind auf ihrer Seite, jedenfalls zeigen sie sich nicht, wenn es sie gab. So steht sie in der Mitte mit ihrer Schuld. Furchtbar allein. Es ist irgendwie alles aus. Ihr ganzes Leben auf einen Schlag zerstört. Diejenigen, die sie hier vorführen, haben nach den Buchstaben des Gesetzes Recht. Und doch ist ihr Vorgehen die »grausamste Form der frommen Sünde«. Haben sie vergessen, dass sie selbst, wie die Frau, der sie sich so überlegen vorkommen, aufs Ganze gesehen auch nur am »Faden der Gnade GOTTES« hängen? Noch erkennen sie es nicht … Sie sagen zu JESUS: *Meister, diese Frau ist auf frischer Tat beim Ehebruch ergriffen worden. Mose hat uns im Gesetz geboten, solche Frauen zu steinigen. Was sagst DU dazu?* (Joh 8,4.5)

Warum fragen sie überhaupt? Der Fall ist doch klar, oder? Oder wollen sie die Schriftkenntnis von JESUS überprüfen? Denn was sie zitieren, stimmt so nicht. Sie haben etwas Entscheidendes weggelassen. Exakt heißt es: *Wenn jemand die Ehe bricht mit der Frau seines Nächsten, so sollen beide des Todes sterben, Ehebrecher und Ehebrecherin* (3Mose 20,10).

Oder wissen sie, dass es so geschrieben steht, aber die Praxis längst nur noch den schwächeren Teil, die Frauen, bestraft? Wie auch immer: Um die Frau geht es letztlich gar nicht mehr. Mit der ist es sowieso aus. Die Frage ist nur, ob man bei der Gelegenheit gleich ein anderes Problem mit erledigen könnte, das Problem »JESUS«. Denn JESUS ist in ihren Augen ein erheblicher Störfaktor, DER ihre, DER die Autorität des Tempels, wenn nicht gar den Tempel selbst in Frage stellt! Wie ER hier wieder sitzt, draußen vor dem Tempel, und lehrt, ohne behördliche Zustimmung, geschweige denn im Auftrag des Hohen Rates oder des Hohenpriesters! Und die Leute hören IHM zu und laufen IHM nach! Das trägt schon subversive Züge! Der Evangelist Johannes, der von dieser Situation berichtet, sieht das jedenfalls so, wenn er sich mit der Bemerkung einschaltet: *Das sagten sie aber, um IHM eine Falle zu stellen, damit sie einen Grund zur Anklage gegen IHN hätten.* (Joh 8,6) Sie wollten mit der Ehebrecherin JESUS gewissermaßen gleich mit beseitigen. Denn sagt JESUS »Ja« zur Steinigung der Frau, verliert ER all die Menschen, die aus SEINER *vergebenden Liebe* Hoffnung für ihr eigenes Leben geschöpft haben. JESUS würde in die Reihen der herkömmlichen Schriftgelehrten zurückfallen. Wenn es darauf ankommt, verhält ER sich eben doch so, wie »die da oben«. Im anderen Fall, wenn JESUS die Steinigung der Frau ablehnt, hätte ER die Autorität des Gesetzes nicht anerkannt und quasi die

Gebotsübertretung sanktioniert. Dann könnten sie IHN gleich mit daneben stellen – bei der Steinigung. Eine ausweglose Situation für JESUS, SEINE Anhänger, die Frauen und Männer, die IHM gefolgt sind, und natürlich die »Ergriffene«, die fast schon Leblose, aus deren Mund nicht ein einziges Wort kommt. Was wird JESUS tun in dieser Situation, in der alles, was man tut, nur falsch sein kann? *JESUS bückte SICH und schrieb mit dem Finger auf die Erde.* (Joh 8,6) Eine in ihrer Einfachheit anrührende, menschliche Geste, wenn die Situation nur nicht so elend ernst wäre, so tod-ernst. JESUS gibt nicht die schnelle Antwort, die sie wollen. Lässt SICH nicht provozieren. Und bringt mit SEINER Ruhe Unruhe in ihre sichere Position.

Wir sehen sie von einem Bein auf das andere treten, auf IHN eindringen. Was denn? Warum sagt er denn nichts? Ein Kontrast, der zu einer schier unerträglichen Spannung führt: Was wird ER sagen? So viel hängt für alle davon ab!

Wie hier die Schriftgelehrten ungeduldig auf JESUS eindringen!

Wie oft sind wir selbst so, wenn auch auf völlig anderem Hintergrund, mit unseren Gebeten auf GOTT eingedrungen!

Antworte, GOTT! Erkläre mir die Situation. Sag, wie es weitergehen soll! Und wie oft schon haben wir bang wie die Zuschauer und Zuhörer, bang wie die »Ergriffene« die Antwort erhofft und ersehnt, vielleicht auch gefürchtet! Wir verstehen: GOTT gibt auch heute unserem Drängen nicht immer sofort nach. So können wir unsere wirklichen Absichten klären. Uns über unsere Bitten klar werden, was wir eigentlich wollen. Und über diesem Warten Vertrauen lernen. GOTT antwortet, JESUS antwortet mir zum richtigen Zeitpunkt. Ich kann mich darauf verlassen!

So, wie es damals auch geschah. Denn plötzlich richtet sich JESUS auf. Und SEINE Worte fallen wie Steingewichte über die Stille:

Wer unter euch ohne Sünde ist, der werfe den ersten Stein. Dann bückte ER SICH wieder und schrieb auf die Erde. (Joh 8,7 f.)

Unter diesem Wort JESU, diesem GOTTES-Wort, verändert sich alles, verändern sich alle! Man hört vereinzelt erst, dann immer mehr Steine zu Boden kollern. Die Fäuste öffnen sich, die Steine fallen aus den Händen. Das Unerhörte und Unwahrscheinliche geschieht: Die Ankläger ziehen sich kommentarlos zurück! Sie, die vom Gesetz her im Recht waren, sie, die das Urteil hätten durchziehen können, sie lassen ab von der Vollstreckung. JESUS hat sie überwunden. Er hat in ihnen den Punkt getroffen, an dem sie ansprechbar waren. JESUS hat sie gewonnen, statt sie zu bekämpfen! So haben sie durch JESUS von GOTT selbst gelernt: Liebe, Barmherzigkeit, Leben retten, Sünde überwinden ist mehr als Sünder töten!

Ist es ihnen durchs Herz gegangen, wie viel auch bei jedem von ihnen selbst ans Tageslicht käme, wenn GOTT sie so ausziehen und vor allen bloßstellen wollte, wie sie es mit der »Ergriffenen« taten? Ist ihnen aufgegangen, wie sehr auch der beste und bemühteste Mensch letztlich auf

GOTTES vergebende Liebe angewiesen ist? JESUS hat sie überwunden. Nicht mit Schlag-Worten, sondern mit GOTTES vergebender Liebe, die neues Leben schafft! Sie gehen anders, als sie kamen. Sie werden es so leicht nicht vergessen.

Still ist es wieder auf dem Tempelvorhof geworden. Eine andere Stille als die tödliche Spannung zuvor. Es könnten Tränen in den Augen sein. Nachdenken. Schweigen. Beten. Danken. Staunen. Das alles ist jetzt unter denen, die von Anfang an bei JESUS saßen.

Und noch immer sie, die »Ergriffene«, immer noch in der Mitte. Aber nicht mehr bloßgestellt und kurz vor dem Ende. Angesehen haben musste sie JESUS schon. Aber jetzt richtet ER das Wort an sie persönlich. Und was fragt JESUS sie? Er fragt nicht nach Reue, ER verlangt kein Schuldgeständnis oder Schuldbekenntnis. JESUS fragt sie: *Wo sind sie geblieben? Hat dich niemand verdammt?* (Joh 8,10)

Nun spricht sie zum ersten Mal. Nun kann sie sprechen. Sie sagt nur zwei Worte: *Niemand, HERR.* (Joh 8,11) Mehr bringt sie nicht heraus. So beinahe tot, wie sie war. Behutsam geleitet JESUS sie auf ihren ersten Schritten zurück ins Leben: *Dann verdamme ICH dich auch nicht.* (Joh 8,11)

Aber das genügt noch nicht. Es genügt nicht, dass sie einfach »noch am Leben ist«. Sie soll wieder anfangen zu leben! Darum sagt JESUS ihr, wie das neue Leben beginnt:

Geh hin und sündige nicht mehr. (Joh 8,11)

Die Sonne scheint, der Himmel ist tiefblau. Wirklich, ein wunderbarer Tag! Die Schöpfung stimmt wieder. GOTT selbst hat eingegriffen durch JESUS und den Störfall behoben. Nicht durch Schlag-Worte, nicht durch Steinwürfe. Nicht durch Disziplinierung und Strafvollzug. Durch SEINE überzeugende Liebe hat JESUS Schaden geheilt und Menschen dem Leben wiedergegeben, so und so.

Das wirkt nachhaltiger und tiefgehender als alles andere!

Sie gingen anders, als sie kamen.

Nehmen wir dies alles, was JESUS tat und tut, in unsere Herzen und Sinne. Damit auch wir anders gehen, als wir kamen. Damit wir neu beginnen, neu beginnen zu leben, getröstet und behütet wunderbar.
In der Gewissheit:

GOTT ist durch JESUS mit uns am Abend und am Morgen und ganz gewiss an jedem neuen Tag.

Amen.

Predigt über Joh 5,1–16

Liebe Gemeinde!

Die Schriftstellerin Ricarda Huch hat Recht, wenn sie schreibt: »In der Bibel stehen lauter alte Geschichten, die jeden Tag neu passieren.« Heute ist es die alte und moderne Lebensgeschichte eines Menschen, der inmitten vieler Menschen feststellt: »Ich habe keinen Menschen!«

Es war ein Fest der Juden, und JESUS ging hinauf nach Jerusalem. (Joh 5,1)

Wir haben auch unsere zahlreichen Feste: Tag der Einheit, das Münchener Oktoberfest, die Markttage hier, Weinfeste, Bergfeste, Vereinsfeste zum Soundsovielsten – und natürlich auch die kirchlichen Feste; dann die Buch-, Auto-, Technikmessen, Gartenschauen und Heimatfeste. Es wird immer dafür gesorgt, dass etwas los ist. Die Menschen wollen sich zerstreuen, ablenken, ihren Spaß haben, mal ihre Sorgen vergessen. Ist ja auch irgendwie verständlich. JESUS ist auch kein Spielverderber. ER geht mit zum Fest nach Jerusalem. Aber ER sieht nicht nur die fröhliche, ausgelassene, festlich lärmende Seite des Festes. ER sieht auch den Menschen abseits vom Festlärm des Lebens, am Schaftor, am Teich Bethesda. ER sieht den Menschen in seinem Elend, dem es umso mehr zusetzt, je fröhlicher und lauter die anderen feiern. Haben wir auch diesen JESUS-Blick hinter die Kulissen? Manchmal schon, wenn es um Menschen geht, die uns nahestehen. Oder wenn wir aufmerksam gemacht werden.

Wie im Fall des in Afghanistan entführten Bauingenieurs Rudolf Blechschmidt, dessen Frau Reingard und Söhne Markus und Tobias sich an uns wandten und um Gebet und Gedenken für ihn baten. Wochenlang, zuletzt am vergangenen Montag, haben wir das auch getan. Und jetzt ist er frei!

Oder wie am 9. Oktober, als der burmesische Mönch Ashin Sopaka hier in der Nikolaikirche auf das Elend der leidenden Bevölkerung seines Landes hinwies. So werden wir ab morgen im Zusammenhang mit dem Friedensgebet Mahnwachen für Burma halten, mit den Losungen, die ihm besonders heute für sein Land wichtig sind: Keine Gewalt! Wir sind das Volk! Frieden für Burma! Er war davon so angetan, dass er die Klöster in Burma telefonisch – Handys finden noch die Verbindung in das Land – aufrufen will, damit zeitgleich mit uns in allen Pagoden, Synagogen, Moscheen und Kirchen Burmas montags 17.00 Uhr die Menschen zum Gebet zusammenkommen. Was für ein bewegender Gedanke! Wird er auch die Menschen und Verhältnisse bewegen?

JESUS schärft uns den Blick, hinter die Kulissen zu schauen. Da entdecken auch wir hinter der Fassade von Gesundheit, Festlichkeit, Lustigkeit die Menge der psychisch Kranken, der Verbitterten, derer, die sich abgehängt und ausgegrenzt fühlen, die nicht mehr sicher auf ihren beiden Beinen stehen und nur noch mühsam durchs Leben kommen und, wie manche sagen, »an *nischt* mehr glauben«. Was kann man da noch machen?

JESUS resigniert nicht angesichts der vielen Kranken, Blinden, Lahmen und Ausgezehrten. ER ergeht sich nicht in Klagen und Wehleidigkeiten, beschimpft nicht die Verhältnisse und mangelnde Menschlichkeit. Er greift sich den schwersten Fall heraus und geht auf ihn direkt zu!

Es ist ja nicht so, dass nichts getan wird! Da ist der Teich mit heilkräftigem Wasser, wie wir es in Heil- und Thermalbädern auch haben. Das Bad hat den schönen Namen »Bethesda« – »Haus der Barmherzigkeit«. Fünf Hallen hat man gebaut, wo die Kranken vor Sonne und Regen einigermaßen geschützt waren und warteten, bis sich das Wasser bewegte.

Wir haben ja heute auch solche Hallen, um das menschliche Elend zu überdachen, unterzubringen, zu lindern. Moderne Krankenhäuser, gut ausgebildete Ärztinnen und Ärzte. Krankenschwestern und Pfleger, moderne medizinische Geräte, funktionierende Verwaltung und Betreuung – Staat, Privat und Kirche kümmern sich. Aber es ist auch nicht zu übersehen, wie sehr das alles dem Geld untergeordnet ist, aus Kostengründen Ärzte unzumutbar viele Überstunden leisten müssen und Pflegepersonal eingespart wird. Wenn das überlastete Personal dann wirklich nur noch das Kostengünstigste und Notwendigste leisten darf und kann – da kann auch heute in diesem modernen Gesundheitswesen der Ruf laut werden: »Ich habe keinen Menschen! Keiner hat Zeit für mich.« So wie damals am Teich Bethesda.

Wenn sich das Wasser kräuselte, die Quelle anfing zu sprudeln, da war die volkstümliche Vorstellung: Der Erste, der jetzt ins Wasser kommt, wird gesund! Wir können uns vorstellen, was da losgeht, wie jeder versucht, am anderen vorbei als Erster hineinzukommen. Da ist sich jeder selbst der Nächste. Da hat der eine, der schon 38 Jahre krank war und auf seiner Matte dahinvegetierte Tag für Tag, Woche für Woche, Jahr für Jahr keine Chance. Alles schon probiert – nichts geholfen. Da kannst du auch gleich hocken bleiben, wo du bist. So sieht ihn JESUS da sitzen, während alle anderen wieder einmal zum Teich drängten, schubsten, humpelten, robbten … JESUS geht zu ihm. Er redet ganz menschlich mit ihm und fragt ihn: *Willst du gesund werden?* (Joh 5,6). Na was ist denn das für eine Frage! Ist doch klar, oder? Nach 38 Jahren Negativerfahrung eben nicht mehr klar! Was sollte es für ihn noch als Hilfe geben, wo er doch alles schon probiert hat – ohne Erfolg?

Die Frage JESU entpuppt sich als eine ganz entscheidende Frage: *Willst du …?* Willst du wirklich?

Willst du wirklich mit dem übermäßigen Essen, Trinken, Rauchen oder was für ein Laster es auch sein mag aufhören, oder willst du es ganz innen eigentlich nicht?

Willst du denn wirklich aus deinen Ängsten, aus deiner Depression heraus, oder hast du schon alles Wollen aufgegeben?

Willst du deine Beziehung zu deinem Ehepartner, zu deinen Kindern, zu deinen Arbeitskollegen, zu deiner Kirchgemeinde wirklich erneuern, vertiefen, verbindlicher machen – oder doch eigentlich nicht? Lässt du es alles lieber so laufen – oder besser gesagt schleichen, wie bisher? Willst du wirklich GOTT vertrauen, die Hand JESU ergreifen, oder verlässt du dich doch lieber auf andere Dinge?

Von dem Kranken damals kommt eine ungewöhnliche Antwort. Er sagt nicht »Ja« oder »Nein«, auch nicht »es wäre ja ganz schön, aber …« Er antwortet: *Ich habe keinen Menschen* (Joh 5,7). Womit sein ganzes Elend zusammengefasst ist. Und JESUS sagt nicht: »Du hast es ja schwer, wirklich!« und »Irgendwie wird es schon weitergehen!« und was dergleichen Sprüche sind. JESUS lässt ihm auch keine Zeit zum Selbstmitleid. In zornigem Protest, in heiligem Zorn gegen die Krankheit, das Elend, die Gebundenheit sagt ER unvermittelt: Es ist nicht GOTTES Wille, dass du auf deiner Matte verfaulst!

Steh auf, nimm deine Matte und geh! (Joh 5,8)

Die Hand JESU ist ausgestreckt. Wird der Funke überspringen? Wird er die Hand ergreifen? Oder bleibt doch alles beim Alten und nichts passiert? Keine Zeit zu aller Zwangsbedenklichkeit, abzuwägen, ob es möglich ist oder nicht. JESUS ist so stark und drängend – der Funke springt über. Mit Wollen setzt JESUS den Kranken in Gang.

Er will. Er glaubt. Er steht.

Heilung durch Zuwendung. Denn Zuwendung dringt bis in die tiefste Seele vor. So ist es damals wie heute! Wer dem Wort JESU alles zutraut, wer nicht im Gestrüpp seiner Zweifel, ob oder ob nicht, hängen bleibt, wer von JE-

SUS weiß, dass bei GOTT nichts unmöglich ist: Der will! Der glaubt! Der steht!

Was JESUS tut, ist bewegend. Damals wie heute. Und wer diese Hilfe erfahren hat, der passe auf, dass er nicht in den alten Trott der Abhängigkeit und Gebundenheit zurückfällt.

Als JESUS dem Geheilten mit seiner Matte im Tempel begegnet, sagt ER zu ihm: *Siehe, du bist gesund geworden. Sündige nicht mehr, dass dir nicht etwas Schlimmeres passiert.* (Joh 5,14)

Im Tempel war er, um GOTT zu danken. Das war schon in Ordnung. Aber die Gefahr lauert gerade an der Schwelle des neuen Lebens! Verspiel das nicht wieder! Werde nicht wieder undankbar und gehe nicht als Gesunder mufflig und lahm durchs Leben. Du weißt jetzt, was dir auf die Beine hilft. Vergiss es nie wieder!

Denken wir nach, jeder für sich heute und im Laufe des Sonntags, ob ihm und wann ihm dieses genauso geschehen ist! Wir verbreiten diese Hoffnungsgeschichten, damit die Menschen heute erfahren, was ihnen auf die Beine hilft. Und wir haben auch wieder erkannt, wer in uns Wollen und Vollbringen schafft.

JESUS, wir danken DIR!

Amen.

Predigt über 1Kön 19,1–8

23. Oktober 2011 in Lindau

Liebe Gemeinde!

Zustände sind das! Wie so ein ganzes Volk verwahrlosen kann! Der Fisch stinkt vom Kopf her. Die Verwahrlosung und Verwesung beginnt »oben«, beim König. Sein Name: Ahab, Regierungszeit: 871–852 v. Chr.

Ein schwacher Mann auf dem Thron. Hin- und hergerissen, vor allem aber abhängig von seiner schönen, klugen und starken Frau Isebel. Sie war die Tochter des heidnischen Königs von Tyros und Sidon und hatte das Vorbild eines Herrschers mitgebracht, der uneingeschränkt über seine Untertanen verfügt. Aber nicht nur das. Sie brachte auch den Baalskult, eine Fruchtbarkeitsreligion, aus ihrer Heimat mit und damit zugleich den ganzen religiösen Service, sprich eine in die Hunderte gehende Zahl von Baalspriestern. Sie setzte sich über das in Israel geltende GOTTESrecht hinweg, verdrängte GOTTESdienste und ließ die GOTTESpropheten und Tempelpriester verfolgen. Das Volk? Wieder mal schnell umgeschwenkt. Es war ja auch nicht zu übersehen, woher der Wind wehte und wer im Lande die Macht ausübte. Und außerdem war die neue Religion ja so bequem! Keine anspruchsvollen Gebote und ethischen Anforderungen. Stattdessen rauschende Feste und reichlich Speisen und Alkohol und eine Verherrlichung von Sexualität und Fruchtbarkeit – was will der Mensch mehr! Dass dabei eine Menge treuer und gläubiger Menschen über die

Klinge springen musste – wer wollte das schon so richtig wissen und wahrnehmen! Lief es nicht insgesamt wirtschaftlich und lebensstandardmäßig gut?

Dass Verwahrlosung eines Volkes meist »oben« beginnt und sich nach »unten« fortsetzt, ist nicht nur ein Problem des 9. Jahrhunderts v. Chr. »Die da oben« in Wirtschaft, Banken und Industrie sind gefährdet durch Geld und Profit. Wir erleben das gerade hautnah: die schamlos hohen Managergehälter. Die Hinterziehung von Steuermillionen über Luxemburg und Liechtenstein durch ebensolche Großverdiener. Das freche Einstreichen von Bonuszahlungen in schwindelerregender Höhe. Die verantwortungslosen Börsenspekulationen spielen, wenn es klappt, den kriminellen Schlips- und Titelträgern Millionen in die Taschen. Wenn es nicht klappt, müssen die Verluste von den Steuerzahlern aufgebracht werden.

Das bringt Arbeitslose und Hartz IV-Empfänger zur Weißglut. Und nicht nur die! Ja, das Volk »da unten« ist gefährdet und infiziert von dem, was sie »da oben« sehen. Und dann noch regelmäßig das Horoskop gelesen – da lebst du am Ende nur noch zwischen Wut und Wahn! Da hat der Glaube an GOTT einen schweren Stand gegenüber dieser maßlosen Bedienungssubkultur, dem Wohlstandskult und all den Horoskopeleien.

Damals war es einer, der übriggeblieben war. Einer, der immer noch und immer neu wieder an GOTT glaubte. Programmatisch sein Name: Elia, genauer Elijahu, zu Deutsch: »Mein GOTT ist Jahwe«! In einer beispiellosen Begegnung auf dem Berg Karmel tritt er allein 450 Baalspriestern entgegen. Einer allein gegen 450 staatlich gestützte und von der herrschenden Macht sanktionierte Kultbeamte. Einer gegen alle, um die hin- und herschwankende Volksmenge wachzurütteln, damit sie zum lebendigen GOTT ihrer Mütter und Väter zurückfinden: *Wie lange hinkt ihr auf beiden Seiten? Ist der HERR GOTT, so wandelt ihm nach; ist's aber Baal, so wandelt ihm nach.* (1Kön 18,21)

In einem unvergesslichen Augenblick erleben Elia und die Volksmenge und die Masse der Baalspriester GOTTES Gegenwart! Der Blitz aus heiterem Himmel schlägt ein, zündet und steckt das Opfer in Brand. Das Volk hat wieder schnell geschaltet, die Wende flott vollzogen:

Der HERR ist GOTT! Der HERR ist GOTT! (1Kön 18,39)

Einer genügte, um der Verwahrlosung des Volkes, der Manipulation und Durchsetzung der Macht Einhalt zu gebieten! GOTT handelt anders als uns das Einmaleins, die Wahrscheinlichkeitsrechnung und das logische Denken erwarten lassen!

Einer, der glaubte, genügte. Einer, der sich nicht von der Zahl einschüchtern ließ, weil er auf GOTT zählte.

Als Dr. Martin Luther 1521 zum Reichstag nach Worms geladen wurde, gab es viele warnende Stimmen mit dem Hinweis auf den tschechischen Reformator Jan Hus, der trotz Zusicherung freien Geleits verhaftet, verurteilt und 1415 auf dem Scheiterhaufen verbrannt worden war. Selbst Kurfürst Friedrich der Weise riet Luther in letzter Minute ab, zu kommen. Er kam trotzdem. Er wurde unterwegs vom Volk überall begeistert empfangen, so dass seine Fahrt einem Triumphzug glich.

Am 17. April 1521 war er um 16 Uhr vor den Reichstag geladen. Er musste zwei Stunden warten, ehe er in die niedrige Hofstube vorgelassen wurde. Dann stand er vor dem Kaiser, der umgeben war von seinen Räten, den Kurfürsten, Prälaten, Grafen, Vertretern der Stände und Städte. Man wollte es schnell hinter sich bringen. Er wurde kurz aufgefordert, seine 20 Bücher zu identifizieren und zu widerrufen. Luther erbittet 24 Stunden Bedenkzeit, denn es gelte der Seele Seligkeit. Er hatte sehr leise geredet. Er war sich unsicher, wie er vor dem Kaiser auftreten müsse. Während der ganzen Zeit hatte er eine untertänige Haltung eingenommen, ständig gebeugte Knie. Der Aufschub wurde gewährt. Am 18. April öffneten sich um 18 Uhr die Türen für ihn, dieses Mal zum großen Saal. Der gesamte Reichstag war versammelt. Wieder die Frage, ob er widerrufen wolle. Ein einfaches »revoco«, »ich widerrufe«, mehr ist nicht nötig. Luther antwortete lateinisch: »Da Eure Majestät und Eure Herrlichkeiten eine schlichte Antwort von mir heischen, so will ich eine solche ohne alle Hörner und Zähne geben! Wenn ich nicht durch Zeugnisse der Heiligen Schrift und klare Vernunftsgründe überzeugt werde – denn weder dem Papst noch den Konzilien allein glaube ich, da es am Tage ist, dass sie öfter geirrt und sich selbst widersprochen haben –, so bin ich durch die Stellen der heiligen Schrift, die ich angeführt habe, überwunden in meinem Gewissen und gefangen in dem Worte GOTTES. Daher kann und will ich nichts widerrufen, weil wider das Gewissen etwas zu tun weder sicher noch heilsam ist.« Auf Deutsch fügte er hinzu: »Ich kann nicht anders, hier stehe ich, GOTT helfe mir. Amen.«

Der Kaiser bricht die Sitzung ab. Ein allgemeines Getümmel entsteht. Die Spanier riefen: »Ins Feuer!« Doch

Luther gelangte ohne Zwischenfall in den Johanniterhof, reckte die Arme hoch und rief: »Ich bin hindurch, ich bin hindurch.« Trotz aller Angst und Unsicherheit: Die herrliche Freiheit der Kinder GOTTES wird sichtbar.

Einer, der glaubte, genügte.

Einer, der sich nicht von der Macht und den Mächtigen, der sich nicht von der Zahl einschüchtern ließ.

Auch das ist heute nicht anders. Wir Christen waren und sind eine Minderheit in unserem Land, »Minderheit mit Zukunft!«, wie wir immer gesagt haben. Ist es nicht gut zu wissen, dass GOTT den Einen, die Wenigen so stark machen kann, dass der Verwahrlosung, dass dem Irrtum, dass der Lüge eines ganzen Volkes oder einer von GOTT entfremdeten Kirche Einhalt geboten wird?

- Ein Martin Luther.
- Die Handvoll Märtyrer von Pfarrer Paul Schneider über Dietrich Bonhoeffer, die Geschwister Scholl, Propst Lichtenberg, Maksymilian Kolbe bis Pfarrer Martin Niemöller!
- Die Wenigen anfangs in den Friedensgebeten gegen das Meer der Halstücher und Blauhemden!

Friedensgebete, das winzige Senfkorn, dem GOTT die Kraft gab, die Mauer in den Köpfen und die in Berlin zu durchwachsen und zu überwinden! Es wuchs und wuchs unaufhaltsam bis zum 9. Oktober 1989, dem Tag der Entscheidung in Leipzig, als die Frucht jahrelanger, ununterbrochener Friedensgebete herangereift war, als die Nikolaikirche im Verbund mit den anderen Innenstadtkirchen zum Ausgangspunkt der Demonstration der 70 000 und damit der Friedlichen Revolution überhaupt wurde.

Immer wieder hatte die Bergpredigt JESU eine zentrale Rolle gespielt.

Immer wieder, so auch an diesem Tag, die Bitte: »Lasst die Gewaltlosigkeit nicht in der Kirche stecken, nehmt sie mit hinaus auf die Straßen und Plätze.« Denn:

Beten und Handeln, drinnen und draußen, Altar und Straße gehören zusammen!

Und die Menschen, vom Nationalsozialismus und vom Realsozialismus jahrzehntelang atheistisch indoktriniert und entmündigt, sind mit dem Ruf »Keine Gewalt!« im Geist JESU der Gewaltlosigkeit auf die Straße gegangen und haben diese Revolution ohne Blutvergießen, ohne dass eine Schaufensterscheibe kaputtging diese Friedliche Revolution vollbracht. Eine Revolution, die aus der Kirche kam – das hatte es in Deutschland noch nie gegeben. Wenn je etwas das Wort Wunder verdient, dann das. Ein Wunder biblischen Ausmaßes!

Die Wenigen – als Träger der Verheißung, die GOTT starkmachen kann selbst gegen geballte Staatsmacht!

Die Wenigen, die wir auch heute sind, als Träger der Verheißung, die GOTT starkmachen kann gegen eine ganze Welt des Geldes und der GOTTvergessenheit. Die Zahl macht's nicht. Bei Elia nicht und bei uns nicht. Entscheidend allein ist der Glaube. Damals wie heute.

So wurde Elia damals durch GOTTES Gnade groß. In Israel bis heute höher geachtet als Abraham und Mose. Im Volk nie vergessen bis heute. Aber die Bibel hört hier nicht auf zu berichten. Die Glaubenserfolgsgeschichte erhält nachträglich einen starken Dämpfer. Als der von den Karmelereignissen erschütterte König Ahab seiner Frau Isebel berichtete, dass durch Elia nicht nur die Glaubwürdigkeit der Baalspriester zerstört wurde, sondern diese auf Betreiben Elias von der umgeschwenkten Menge getötet worden waren, sandte sie zu Elia:

Die Götter sollen mir dies und das tun, wenn ich nicht morgen um diese Zeit dir tue, wie du diesen getan hast! (1Kön 19,2)

Es geht nicht weiter wie im Märchen, sondern wie im Leben. Elia, der Mann GOTTES, gerät in die tiefste Krise seines Lebens. Der unversöhnliche Hass eines Menschen, dieser Frau, raubt ihm alle Kräfte. Elia, der gegen eine ganze Welt stand. Elia in Angst und auf der Flucht. *Da fürchtete er sich ... und lief um sein Leben* (1Kön 19,3). Wir sehen ihn förmlich vor uns, wie er da am Boden kauert, hingestreckt unter diesem elenden, dürren Busch in einer endlosen, totenstillen Wüstengegend unter der sengenden Sonnenglut. Seinen Diener hatte er schon in Beerseba zurückgelassen. Niemanden mehr wollte er um sich haben.

So also kann es gehen. Ein Mann mit so kühnem Glauben, mit so viel Gottvertrauen, der sein Leben, ohne mit der Wimper zu zucken, auf dem Karmel aufs Spiel setzte für GOTT, stürzt in die Verzweiflung! Alles Bisherige ist wie ausgelöscht. Es überrollt ihn die Zwangsvorstellung, dass sein Leben sinnlos geworden ist. Ihn überfällt eine grenzenlose Müdigkeit und Leere: *Es reicht, so nimm nun, HERR, meine Seele; ich bin nicht besser als meine Väter.* (1Kön 19,4)

224

Menschen kennen solche Situationen bis heute. So schwer es für Elia ist, so wunderbar, dass diese zutiefst menschliche Seite an ihm nicht wegradiert wurde, um das Bild des GOTTEShelden nicht zu beschädigen. Oft gerade nach einer großen, gelungenen Sache, nach einem großen Glück kommt der Einbruch, die Leere. Unbegreiflich, wie es einen so treffen kann ...

Elia unter dem Wacholder – angreifbar, verwundbar für alles! War Isebels Morddrohung der berühmte Tropfen, der das Fass der Angst zum Überlaufen brachte? Oder was hat er falsch gemacht? Nach dem riesigen GOTTESerlebnis auf dem Karmel fehlte – der Dank! Stattdessen die blutige Verfolgung der Baalspriester. Religiöses Gemetzel, das die Welt durch die Jahrhunderte hindurch bis heute erschreckt und abschreckt und den Glauben verrät.

Erst hat er sich auf GOTTES Wirken verlassen. Dann hat er die Sache selbst in die Hand genommen und die Baalspriester verfolgt. Wo der Dank gegenüber GOTT fehlt, kommt das »Allzumenschliche« wieder voll zum Zug. Wo der Mensch den GOTTESbereich verlässt, zieht die Angst ein.

Aber auch damit ist das Geschehen um Elia nicht zu Ende: Der Schlaf der Erschöpfung übermannt ihn. Und nun greift GOTT wieder ein in sein Leben. GOTT lässt nicht zu, dass die Verzweiflung das Letzte ist im Leben. Elia wird angerührt und aus dem Schlaf geweckt, aus dem er nicht mehr aufwachen wollte. Ein Engel rührte ihn an und sprach: *Steh auf und iss!* (1Kön 19,5) Elia wird nicht mit Vorwürfen überhäuft, wie er als GOTTESmann sich so hat gehen lassen können. Zweimal rührt ihn der Engel an, sanft, wie man einen Schwerkranken anrührt. Der psychisch und physisch ausgelaugte Mann erhält die erforderliche Hilfe, geröstetes Brot und Wasser. Essen und Trinken hält Leib und Seele zusammen. Die Kraft erhält er für die nächsten Schritte: 40 Tage und Nächte bis zum Horeb, dem Mosesberg der Gebote. Hingelegt hatte er sich, um zu sterben. GOTT ließ ihn anrühren:

Steh auf und iss, denn Du hast einen weiten Weg vor dir! (1Kön 19,7)

GOTT hat ihm wieder auf die Beine geholfen. GOTT hat ihn wieder in Gang gebracht.

… und Elia ging. (1Kön 19,8)

Es gibt die Zukunft nach der Krise!

Und ich denke: Wenn diese tiefe Krise nicht gekommen wäre – was wäre aus Elia geworden? Ein unerträglicher Erfolgsmensch vom erfolgssüchtigen Volk vergöttert? Durch die Krise ist er aus dem Verkehr gezogen.

Nun kann alles zur Ruhe kommen. Das große GOTTESerlebnis und die schaurige Bluttat. Nun hat GOTT wieder die Führung seines Lebens übernommen. Nun hat er wieder Zukunft vor sich. Die schöne kluge und starke Königin Isebel wird zwar stolz und hohnlachend, aber elend zugrunde gehen. Der schwache Ahab kommt im Krieg um. Die Verwahrlosung des Volkes ist zu Ende gebracht – wieder einmal. Der in die Krise Geratene aber hat Zukunft, er ist zu neuem Ziel unterwegs.

Die Zukunft nach der Krise. Wer einmal richtig GOTT vertraut hat, der bleibt nicht in der Verzweiflung liegen. Der hat immer wieder einen Weg vor sich. Das sollen wir heute wissen. Und wenn du das weißt, dann darfst du auch so sein wie »alle deine Mütter und Väter.«

- Leg dich hin, wenn du es satt hast.
- Hör auf zu laufen und zu arbeiten, wenn es nicht mehr geht.
- Mach Pause wie Elia.
- Schäme dich deiner Erschöpfung und Leere nicht.

Manchmal muss das so sein, damit GOTT wieder die Führung deines Lebens übernehmen kann. Und wenn dich GOTTES Engel sanft anrührt:

Steh auf, iss und trink, denn du hast einen weiten Weg vor dir.

Dann wissen wir: Die Krise ist vorüber. Das Leben hat uns wieder.

GOTT sei Dank.

Amen.

Predigt über 1Kor 7,29–31

20. Sonntag nach Trinitatis, 21. Oktober 2012, St. Nikolai

Liebe Gemeinde!

In meiner ersten Pfarrstelle wünschte mir eine ältere Dame aus der Landeskirchlichen Gemeinschaft nach jedem Gottesdienst: »Weiterhin freudiges Auftun des Mundes.« Die Formulierung kam mir etwas barock vor, aber ich wusste, dass diese Worte aus einem gütigen, gläubigen Herzen kamen. In Ps 51,17 heißt das so: *HERR, tue meine Lippen auf, dass mein Mund DEINEN Ruhm verkündige.* Ja, genau darauf kommt es an, dass GOTT mir den Mund öffnet und SEINEN Geist gibt, damit SEIN lebens- und hoffnungsspendendes Wort daraus wird! Denn die Texte sind oft alles andere als einfach …

Nehmen wir unseren heutigen Predigttext. So wenige Verse es sind, so viele Gedanken lösen sie aus. Das geht schon mit dem ersten Satz los: *Die Zeit ist kurz!* Wer will denn gerade darauf hingewiesen werden! Wenn wir schon über Zeit sprechen, dann darüber, dass wir zu wenig Zeit haben, dass andere zu wenig Zeit für uns haben oder im Jargon der Moderne: »Zeit ist Geld«. Und dieses ganze *Haben, als hätte man nicht* klingt jedenfalls im ersten Moment irgendwie verdächtig. So wie »leben, als lebte man nicht«. In unserer Wohlstandsgesellschaft geht es doch nach dem Grundsatz »Hast du was, dann bist du was!« Was unausgesprochen die Logik in sich trägt, immer mehr haben und besitzen zu wollen. Stattdessen schreibt Paulus: *die kaufen, als könnten sie es nicht behalten, und die die Güter dieser Welt gebrauchen, als brauchten sie sie nicht.* Das entspricht so gar nicht dem Trend unserer Zeit, im Gegenteil. Aber dass es sogar in den wichtigsten menschlichen Bereich der Beziehungen und Gefühle hineinreicht: *Die, die Frauen haben, sollen sein, als hätten sie keine, und die weinen, als weinten sie nicht ...* Ist das nicht ein wenig zu viel an Distanz? Was wird aus einer Beziehung mit so viel Abstand oder Unverbindlichkeit? Und soll uns das Leid eines anderen nicht mehr anrühren?

JESUS selbst kamen die Tränen am Grab des Lazarus (Joh 11,35), JESUS selbst weinte über Jerusalem, weil dessen Bewohner nicht erkannten, was zu ihrem Frieden dient! Nein, so kann es nicht gemeint sein, so wörtlich und vordergründig!

Oder hat Paulus eine Prise griechischer Philosophie der Stoiker einfließen lassen? Zitat: »Häng dich mit deinem Herzen nicht an den Plunder dieser Welt, dann hast du auch nichts zu verlieren. In jedem Fall ersparst du dir viel Leid und Schmerzen. Häng dein Herz nicht an Menschen, denn nichts ist unbeständiger und launenhafter als der Mensch.« Aber auch hier spüren wir deutlich, dass das eher das arrogante Prinzip einer geistigen Elite ist als etwas, was mit JESUS zu tun hat, DER sich gerade nicht von den Menschen abwandte, sondern suchte und selig machte, die verloren waren.

Da ist ein Mensch krank geworden, schwer krank geworden. Das löst eine tiefe Erschütterung und Verunsicherung aus. »Wie lange habe ich noch zu leben?«, wird zur angstvollen Frage. Jetzt erst beschäftigen sich die Gedanken damit, was das nun heißt, dass die verbleibende Zeit begrenzt, kurz ist, obwohl man das natürlich immer schon »wusste«, dass unsere Lebenszeit endlich ist.

Tiefe Niedergeschlagenheit, Abwehr, Verdrängung, Zorn oder Depression sind die wechselnden Phasen der Auseinandersetzung mit dieser Situation. Dann aber – glücklich, wer dahin kommt – kann es geschehen, dass der Patient seine Krankheit, seine Situation annimmt und es zu einem intensiven und erfüllten Erleben der noch verbleibenden Zeit kommt.

»Seit ich meine Krankheit bei mit zugelassen habe, habe ich neu zu leben angefangen«, sagte eine Patientin. Das heißt, Ehe, Beziehungen, Freundschaften, Gefühle, Geld, Besitz bekommen einen neuen, veränderten Stellenwert. Sie lebte bewusster, intensiver, dankbarer.

Die Begrenztheit der Zeit intensiviert das Leben. So könnte das Paulus meinen. Am Anfang der Satz: *Die Zeit ist kurz.* Am Ende der Satz; *Die Gestalt dieser Welt vergeht.* Dazwischen die kostbare Zeit, die es zu leben gilt, die wir zu leben haben. Fragt sich nur: wie. Entscheidend: Die unbestreitbare Tatsache *Die Zeit ist kurz* und *Die Gestalt der Welt vergeht* hat bei Paulus nichts Dunkles, Drohendes. Denn das ist nicht das Ende. Sondern dahinter kommt, dahinter steht: *Denn DEIN ist das Reich und die Kraft und die Herrlichkeit in Ewigkeit.* Das leuchtet auf, wenn die Gestalt der Welt vergeht! So wie jetzt, wenn es draußen immer früher dunkel wird, wir doch schon wissen und fühlen, dass inmitten dieser Dunkelheit, mitten in der dunklen Nacht, Weihnachten, das Fest der Geburt JESU erscheint und gefeiert wird!

Wir Christen müssen nicht leben mit einer Unheils-erwartung, nicht mit der Angst, zu kurz zu kommen, nicht genug erlebt zu haben, nicht mit einer fressenden Unruhe, die das Leben aufpeitscht und doch nie zur Erfüllung und zum Frieden führt.

Wir Christen, will uns Paulus sagen, können leben mit der Heilserwartung, die eine völlig andere Lebensmaxime erzeugt:

Freut euch im HERRN allewege, und abermals sage ich: Freut euch, der HERR ist nahe! (Phil 4,4)

So nahe, dass wir SEIN Wort hören!

So nahe, dass ER in, mit und unter Brot und Wein sichtbar wird und zu uns kommt!

In dieser Wirklichkeit leben wir! Begleitet, getröstet, behütet, befreit. Da müssen wir nicht zwanghaft klammern, binden, krampfen die Menschen und Dinge um uns herum! Auf dem Hintergrund der Nähe JESU, die ist und war und bleibt und kommt, können wir unser Verhältnis zu Ehe, Gefühlen, Besitz und Beziehungen neu ordnen und gestalten. Denn das ist ja unsere ausgesprochene oder unausgesprochene Sehnsucht: frei zu werden von Ängsten und allen Abhängigkeiten!

Frei zu werden zu bewusstem, intensivem, dankbarem Leben!

Aber:

* Können wir das wirklich?
* Können wir loslassen?
* Die Verlustängste überwinden?
* Das Anspruchsdenken aufgeben?

* Liebe und Vereinnahmung unterscheiden?
* Frei und unverkrampft mit Menschen und Sachen umgehen?
* Haben, als hätten wir nicht?

Auf unserem Familientreffen Anfang des Monats haben wir eine Kahnfahrt im Spreewald unternommen. Überraschend kamen wir kurz auf den Tod zu sprechen. Und einer unserer Enkel, fünf Jahre alt, sah mich mit freudigem Gesicht und leuchtenden Augen an und sagte: »Wenn ich sterbe, freue ich mich! Denn da komme ich in den Himmel und kann GOTT sehen.« Wir Erwachsenen waren alle still für einen Moment. Wer von uns hätte das so sagen können? Ja, beschämt waren wir. Und ich dachte, wie Recht doch JESUS hatte, als ER ein Kind in die Mitte der klugen und lebenserfahrenen Erwachsenen stellte und sagte: *Wenn ihr nicht werdet wie die Kinder,* habt ihr's schwer im Leben und schwer mit dem REICH GOTTES.

Aber genau aus diesem Grund schreibt Paulus ja an uns Erwachsene: Macht euch frei! Haltet euch an JESUS! Mit einem Vertrauen, das nicht eingeschränkt ist durch lauter wenn und aber, und wer weiß, ob ...

Schon ein senfkornkleines Stück Glauben und Vertrauen trägt die Verheißung von erwünschter Befreiung und Entlastung. Im Großen wie im Kleinen.

Ein Mann, der als Erwachsener gerade getauft worden ist, wird von seinem atheistischen Freund mit ungläubigem Kopfschütteln gefragt: »Bist du jetzt wirklich Christ geworden?«

»Ja, schon.«

»Und wie ist das mit diesem JESUS, wie alt ist DER eigentlich geworden?«

»Das kann ich dir so genau nicht sagen.«

»Und wie viele Predigten hat ER gehalten?«

»Das weiß ich leider auch noch nicht.«

»Was weißt du denn überhaupt von IHM?«

»Du hast Recht, das ist alles viel zu wenig, was ich weiß, aber ich bleibe dran. Doch so viel weiß ich schon: Noch vor drei Jahren war ich alkoholkrank, hatte Schulden, meine Frau und die Kinder fürchteten sich jeden Abend, wenn ich betrunken nach Hause kam. Jetzt bin ich ›trocken‹, habe wieder Arbeit. Wir haben keine Schulden mehr und sind eine glückliche Familie geworden. Meine Kinder erwarten mich ungeduldig jeden Abend. Das hat JESUS für mich getan. So viel weiß ich schon von IHM.«

JESUS, das ist mehr als ein Name, mehr als eine Person mit besonderer Biografie, die man natürlich lernen kann, mehr als ein verehrungswürdiger Prominenter der Weltgeschichte.

JESUS ist der GOTT mit uns und bei uns und für uns.

DER uns tröstet und frei macht.

Damit wir Zukunft haben und leben können.

Amen.

Nach 40 Jahren

Verabschiedung in den Ruhestand
Predigt über Jes 40,26–31

Quasimodogeniti, 30. März 2008, St. Nikolai

Liebe Gemeinde!

Ehrlich gesagt: Ich habe ewig keinen Anfang für die heutige Predigt gefunden. Dann dachte ich mir: Geh einfach rein mit dem Predigttext in die Nikolaikirche …

Und so fange ich mit der einladenden, offenen Tür an: »Nikolaikirche – offen für alle.«

Das ist mehr als ein Hinweis! Das ist die Aussage, dass JESUS Türen öffnet; ermutigt, Grenzen zu überschreiten und Schwellenängste zu überwinden. Das ist die Aufhebung der Trennung von drinnen und draußen. Denn Straße und Altar gehören nach JESUS zusammen, weil die ganze Welt, ungeteilt, GOTTES Welt ist! Und GOTT *will, dass allen Menschen geholfen wird und sie zur Erkenntnis der Wahrheit kommen.* (1Tim 2,3.4)

So sind wir problemlos hier zusammengekommen, voll Dankbarkeit, dass unsere Mütter und Väter im Glauben so große Kirchen gebaut haben, in denen so viele Menschen Platz finden.

Einen Gottesdienst feiern mit Singen und Beten, mit Hören und Musizieren, zu erleben, dass JESUS selbst in Brot und Wein präsent wird und Gestalt annimmt: Da ist die Liebe GOTTES mit Händen zu greifen; da werden wir zu *quasimodogeniti*, zu gleichsam neu Geborenen.

237

Wir werden in Zukunft immer dringender die Kirchen, die kleinen und die großen Kirchen, brauchen. Denn vom Materialismus wird letztlich niemand satt. Da herrscht Hunger bei vollen Schüsseln. Und unter der gnadenlosen Diktatur des Kapitals zu leben, macht weder froh noch frei! Da leben wir wie in einem komfortablen Labyrinth, das keinen Ausweg hat, weder nach vorn noch nach hinten, weder rechts noch links. Nur oben ist das Labyrinth offen!

Nur von oben kommen Licht und Erleuchtung, Orientierung und Hilfe ins Labyrinth unserer heutigen Welt.

Darum brauchen wir die Kirchen, die mit ihren Türmen nach oben weisen und uns den Aufblick, das Aufatmen, den Ausweg ermöglichen.

Menschen mit dieser Turmfunktion gab es schon zu Zeiten des Alten Testaments, Propheten genannt. Wie den zweiten Jesaja, der etwa 550 v. Chr. zu den Gefangenen und Ausweglosen in Babylon redete und schrieb: *Hebt eure Augen in die Höhe und seht! Wer hat dies geschaffen? ER führt das Heer (der Sterne) vollzählig heraus und ruft sie alle mit Namen. SEINE Macht und starke Kraft ist so groß, dass nicht eins von ihnen fehlt ...* Schon von Kindheit an kennen viele von uns dieses Prophetenwort durch das Lied:

»Weißt du wie viel Sternlein stehen ...
GOTT, der HERR, hat sie gezählet,
dass IHM auch nicht eines fehlet
an der ganzen, großen Zahl.«
Und das Lied endet mit der wunderbaren Aussage:
»... kennt auch dich und hat dich lieb.«

Blickt auf aus den Drangsalen und Rätselhaftigkeiten eures Daseins in die Höhe, ans Firmament: Da ist Schönheit und Maß, da gilt GOTTES Ordnung, da hat der Mensch nichts durcheinandergebracht.

»Kennt auch dich und hat dich lieb«, weiß auch für dich einen Weg, da dein Fuß gehen kann!

Warum sprichst du denn: ›Mein Weg ist dem HERRN verborgen und mein Recht geht vor meinem GOTT vorüber?‹ Ja, so sind wir. Wir sind so furchtbar leicht zu verunsichern, zu verletzen, zu entmutigen. Liebevoll wie eine Mutter spricht der Prophet die Verzagten, auch heute, an: Warum wirst du so unsicher, als ob GOTT nicht weiter führte? *Weißt du nicht, hast du nicht gehört: Der HERR, der ewige GOTT … wird nicht müde noch matt, SEIN Verstand ist unausforschlich!* SEINE Möglichkeiten sind unbegrenzt!

Das ist ja nun wie zu uns selbst gesagt.

Wie oft habe ich im letzten halben Jahr gehört: »Wie soll das hier alles weitergehen? Werdet ihr überhaupt jemanden kriegen, der bereit ist, hier einzusteigen und diese Aufgaben zu übernehmen?« Nun, diese bange Frage ist bereits gelöst, und zwar auf eine für alle erstaunliche Weise: Ohne die fast unvermeidliche Spannung zwischen Kirchenvorstand und Landeskirchenamt; ohne Kampfabstimmung ist mein Nachfolger auf geradezu christliche Weise und einstimmig angenommen worden und wird nach einer extrem kurzen Vakanzzeit bereits am 13. Juli in sein Amt als Pfarrer der Nikolaikirche eingeführt!

Weißt du nicht, hast du nicht gehört: Der HERR, der ewige GOTT wusste schon, wie es weitergeht! Und nun wissen wir es auch!

Und ich selbst wurde oft und ehrlich gefragt, wie ich denn das Dienstende als Pfarrer der Nikolaikirche nach so vielen Jahren (28) schaffen würde und was ich schwerer fände, anzufangen oder aufzuhören? Aufhören und Anfangen fallen ja immer zusammen. Wenn etwas aufhört, fängt etwas Neues an. Wenn der neue Anfang verheißungsvoll ist und beflügelt, fällt das Loslassen und Aufhören des Bisherigen leichter. Aber vor allem: Gilt nicht auch uns, meiner Frau und mir: *Weißt du nicht, hast du nicht gehört: Der HERR, der ewige GOTT,* weiß schon, wie es weitergeht mit euch, nicht nur äußerlich, sondern insgesamt.

Und wem das und wenn das immer noch nicht reicht an Zuversicht und Verheißung, dem spricht es der Prophet mit indikativischer Gewissheit zu: *ER gibt dem Müden Kraft und Stärke genug dem Unvermögenden. (Auch) Männer werden müde und matt, und junge Leute straucheln und fallen; aber die auf den HERRN harren, kriegen neue Kraft, dass sie auffahren mit Flügeln wie Adler, dass sie laufen und nicht matt werden, dass sie wandeln und nicht müde werden.*

Ja, auch die Starken und Jungen und Gesunden sind nicht unermüdlich. Auch ihre Kräfte sind begrenzt und verbrauchen sich mehr oder weniger schnell. Wer nur aus sich selbst schöpft, [der] ist bald erschöpft. Das wissen wir alle. *Aber die auf den HERRN harren, kriegen neue Kraft …*

»Harren«, die auf ihrem Glauben an GOTT beharren, nicht einfach warten, das wäre zu flach. Wir warten auf den Frühling, auf die Straßenbahn. *Auf den HERRN harren* hat eine andere Qualität: ist intensiver, ist totaler, hat gewaltige Folgen: *kriegen neue Kraft!*

Wie anders hätten wir paar Leute mit den Friedensgebeten sonst durchhalten können, die vom Kirchenvorstand, der Superintendent, die Basisgruppenvertreter und ich! Als 1984 in Ost und West die Mittelstreckenraketen stationiert wurden, hat das bei uns im Osten große Resignation ausgelöst. Wir hatten im Fernsehen gesehen, was im Westen, was in der Demokratie die Bürger für Möglichkeiten des Protestes hatten. Aber dann wurde auch bei denen trotz aller Proteste genauso stationiert wie bei uns in der Diktatur – das bundesrepublikanische Modell »Demokratie« hatte einen großen Riss bekommen! Die Zahlen der montäglichen Friedensgebetsteilnehmer sanken auf unter zehn. Da saßen wir dann einmal zu sechst hier im Altarrondell. Superintendent Magirius las einen Psalm, ich war auch dabei. Ziehen Sie uns zwei Profis ab, waren es nur noch vier aufrechte Christenmenschen. Und als mich hinterher eine Teilnehmerin fragte: »Herr Pfarrer, Sie lassen doch nicht etwa die Friedensgebete eingehen« – ich sah wahrscheinlich nicht sehr glaubensfroh aus – und ich antwortete: »Wieso?«, sagte sie: »Wenn wir aufhören, gibt es keine Hoffnung mehr im Land.«

Ich dachte: »Sie hat Recht.« Als Pfarrer fällt einem zum Glück fast immer ein passendes Bibelwort ein. JESUS sagte ja einmal zur kleinen Jünger- und Jüngerinnenschar: *Wo nur zwei oder drei in MEINEM Namen versammelt sind, da bin ICH mitten unter ihnen.* (Mt 18,20) – da waren wir zu sechst ja schon doppelt so viel – also weitermachen! *Die auf den HERRN harren, kriegen neue Kraft!* Sie werden nicht matt im Glauben, nicht müde in der Hoffnung!

Im Friedensgebet am 27. Februar 1989, das der Kreis »Hoffnung für Ausreisewillige« gestaltete, nahm ich diesen Gedanken in der Einleitung auf: »Wir brauchen eine Hoffnung, die hüben und drüben gilt, eine Hoffnung, die unabhängig ist von den Fahnen, die draußen wehen ... Der Grund dieser Hoffnung ist der gekreuzigte und auferstandene JESUS CHRISTUS ... Weil wir die *Gnade unseres HERRN JESUS CHRISTUS und die Liebe GOTTES und die Gemeinschaft des HEILIGEN GEISTES* (2Kor 13,13) erfahren in unserem Leben, weil uns im Tiefpunkt unseres Lebens, an der dunkelsten Stelle, das Wort JESU erreicht: *Lass dir an MEINER Gnade genügen, denn MEINE Kraft ist in den Schwachen mächtig* (2Kor 12,9), darum kommen wir immer wieder auf die Beine, innerlich und äußerlich. So wagen wir den Satz: Es gibt keine aussichtslosen Situationen im Leben, sondern nur Menschen, die die Hoffnung aufgegeben haben. Ich lade uns alle heute erneut ein zu CHRISTUS, der Hoffnung über den Ideologien.«

Heute?

Zur Hoffnung über den Parteien, zur Hoffnung über dem Geld, zur Hoffnung über den Kriegen und anderen selbstgemachten Katastrophen und Ausweglosigkeiten.

Nur oben ist das Labyrinth offen!

Im Kirchenblatt haben wir uns, meine Frau und ich, bei allen, den Nahen und den Fernen, bedankt. Sie können das dort nachlesen. Es waren für uns die wunderbaren Jahre, mit Schönem und Schwerem.

Einen Dank möchte ich jetzt noch aussprechen. Ein Kollege hat mich neulich skizziert u. a. als theologisches

Rätsel mit provozierender Bibelnähe, fragwürdiger Einseitigkeit und jesusähnlicher Radikalität. Es liegt auf der Hand, dass es alles andere als einfach oder gar problemlos ist, mit so einem »Rätsel« umzugehen.

Darum meinen herzlichen Dank an die Gemeinde, Kirchenvorsteherinnen und Kirchenvorsteher, Mitarbeiterinnen und Mitarbeiter, ja die Sächsische Landeskirche überhaupt: so lange mit diesem »Rätsel« gelebt zu haben!

Mein tiefster Dank aber gilt GOTT, DER uns vor falschen Entscheidungen bewahrt, SEINE schützende Hand über uns alle gehalten und uns geführt und geleitet hat über Bitten und Verstehen!

Wie es weitergeht?
Alles, was uns bisher wichtig war, bleibt uns weiterhin wichtig.
Und Zuflucht haben wir unter dem Schatten SEINER Flügel. (Ps 36,8)

Und wollen alle zusammen weitergehen und wachsen und bleiben an
DEM, DER da ist und DER da war und DER da kommt, unserem HERRN und HEILAND JESUS CHRISTUS. (Offb 1,8)

Amen.

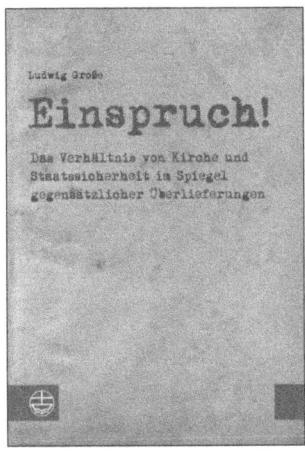

Sebastian Pflugbeil (Hrsg.)
Aufrecht im Gegenwind
Kinder von 89ern erinnern
sich

*Schriftenreihe des Sächsischen
Landesbeauftragten für die
Unterlagen des Staatssicher-
heitsdienstes der ehemaligen
DDR | 9*

400 Seiten | Paperback
ISBN 978-3-374-02802-3
EUR 14,80 [D]

Für die 1989 politisch aktiven Eltern war oft gerade der Druck der DDR-Obrigkeit auf ihre Kinder ein wesentliches Motiv, auf die Straße zu gehen. Gleichzeitig führten die Aktivitäten der Eltern zu einem beträchtlichen Risiko für ihre Kinder. Wie sind sie mit dem politischen Druck in der Schule umgegangen, haben sie verstanden, weshalb ihre Eltern sich dem Staat entzogen und im Herbst 89 an die Öffentlichkeit gingen? Wie erlebten sie den Umbruch, die Treffen der Bürgerrechtler in ihren Wohnungen, die Vorbereitungen von Demonstrationen? Was haben sie von den Aktivitäten der Stasi mitbekommen? Die 25 sehr individuellen Porträts eröffnen eine überraschend neue Perspektive auf die Wendezeit und ihre Vorgeschichte.

EVANGELISCHE VERLAGSANSTALT
Leipzig www.eva-leipzig.de

Tel +49 (0) 341/ 7 11 41 -16   vertrieb@eva-leipzig.de